KB203492

선교연혁

1997 [선교환인집부회] 설립
1997 [仙敎] 창교
1998 [환인성전] 개원
1998 [선도공법] 창시
2005 [선림원농장] 건립
2005 [사단법인선교총림선림원] 설립
2007 [仙敎] 정기간행물 창간
2007 [성황당복원사업] 실행
2009 [선교지역문화보존회] 결성
2012 [선학] 정기간행물 창간
2012 [천지인합일선교] 대중경전 발간
2012 [재단법인선교] 종교법인등록
2012 [사단법인선교문화예술보존회] 설립
2014 [천지인합일명상센터] 개원
2016 [민족종교대통합추진위원회] 창립
2016 [現] 재단법인선교 전국 7교구. 33교당
現 선교환인집부회 회장
現 재단법인선교 이사장
現 선교종단보존회 회장

since 1997.

韓民族固有宗教 仙教 宗正 朴光義 聚正元師 尊影

桓紀9194年 丁丑年 仙教創教 布德教化

환인하느님께 귀의합니다.

선교 창고주 취정원사님께 귀의합니다.

仙教

선교신앙

原著 仙教宗正 朴 光義 元師
編纂 社團法人 仙教宗團保存會

仙教

선교신앙

初 版 1쇄발행 2016년 10월 1일
原 著 선교종정 박 광 의 원사
編 纂 사단법인 선교종단보존회
發行人 재단법인 선교
發行處 선가서림
住 所 (16900) 경기도 용인시 기흥구 보정동 1240-4
電 話 (031) 8005-4210   Fax (031) 8021-7138
ISBN   978-89-969701-3-2
책 값 12,000원

선교종무국 전라남도 순천시 왕지1길 9, 5f
선교E-mail faithealer@hanmail.net

Korean Traditional Religion, SeonGyo

한민족고유종교 선교(仙敎),
환인하느님을 신앙하는 천손신앙(天孫信仰)입니다.
환인하느님을 바르게 섬기고
선교를 보존하여 포덕교화 하는 선교신앙,
재단법인선교와 선교종단보존회에서 이끌어갑니다.
이 책에 실린 하늘의 말씀을 읽는
모든 선제(仙弟)들과 함께 일심정회(一心正回) 합니다.
대한민국의 신성회복과 인류구원을 위해 정진하는
천지인합일선교(天地人合一仙敎).

재단법인선교 공식홈페이지 www.seongyo.kr
재단법인선교 공식블로그 www.seongyo.info

仙教
선교신앙

차 례

머리글

환기桓紀 9213년 단기檀紀 4349년 서기西紀 2016년은 선교仙教
계원창교啓元創教 20주년이 되는 해입니다.

선교 창교 20년, 환인상제桓因上帝님과 선교의 창교주 취정원사
聚正元師님께 귀의하는 가슴 벅차고 감격스러운 신성회복 대법회
를 회향하며, [선교전]仙教典 과 [천지인합일선교]天地人合一仙教,
[仙教] 16권 을 다시 숙독하여 살펴보니, 내용을 나누어 대중포
교하는 것이 선교를 이해하고 환인상제를 섬기는 선교신앙을
가까이하는 접화군생의 도리를 행하는 것이라 사료되었습니다.

본 소경전小經典 [仙教_선교신앙]은 취정원사께서 선교총림
선림원의 시정원주님과 영체합일하시어 환인상제를 알현하시며,
육성보존한 내용 [환인계시록]을 기저基底로 하였음을 밝힙니다.

선교仙教는 환인상제께서 홀로 신으로 화하시어 세상을 교화하시던 환국시대桓國時代에 시작되어, 고조선의 국교로써 제정일치 신정神政으로 중생을 교화하였습니다.

그 후 신라 화랑으로 이어져 나라를 수호하고 국토의 정기를 보전하며 하늘에 봉선封禪하는 명산대천 기도수련으로 계승되었으나, 중국에 대한 사대모화사상에 빠진 권력층의 부패로 그 맥이 끊어져 선사仙史를 찾을 길이 어렵게 되었습니다.

일찍이 선사仙史에 대한 깊은 연구와 산천수호에 헌신하시며 산중수행에 임하시던 취정원사께서 환인상제님으로부터 한민족의 신성을 회복하고 중생을 구원할 하늘의 교화敎化를 내려받으시어 한민족신성회복의 제천祭天을 봉행하셨습니다.

이에 환인상제께서 널리 인간세상을 이롭게 할 조화본령造化本領
의 자리를 안배하시어 신라 이후 절멸絶滅된 선사仙史의 맥을
취정원사께 이어주시니, 상제上帝의 교유教喩를 받들어 1997년
정축년에 박 광의朴光義 취정원사聚正元師께서 선교仙教를 계원
창교啓元創教 하시었습니다.

가장 낮은 곳에 임하시며 인간세상을 구제하시는 취정원사님,
선교를 창교하시어 하늘의 은혜를 입을 수 있도록 베풀어주신
대은(大恩)에 감읍하오며 만배일성으로 감은공례 올리옵니다.
온 세상의 창조주 환인하느님과 선교의 창교주 취정원사님께
귀의하오며 일심정회합니다.

桓紀九二一三年 十月 一日 仙教宗團保存會

仙教

仙教

선교신앙

일러두기

1. 이 책은 재단법인선교 선교종단의 종정 박광의 취정원사님의 [환인계시록] 2002. 과
   [선교전] 1997. [천지인합일선교] 2012. 정기간행물[仙敎]1권~16권 내용 중 "선교신앙"
   개요에 대한 글을 발췌하여 편찬하였습니다.
2. 이 책에 실린 '본문내용'과 '도서명칭'은 저작권보호를 받고 있습니다.
3. 본 [仙敎_선교신앙]은 한민족고유종교 선교(仙敎)의 대중포교를 위해 분류편집된
   선교경전의 단편으로, 재단법인선교와 산하단체가 아닌, 선교를 사칭하는 타 단체에서
   무단게재 도용하는 것을 엄격히 금지합니다.

선교신앙 입문

선교신앙 입문

우리 민족의 오랜 신앙 "선교"

선교仙敎는 우리민족의 하느님이신 환인상제桓因上帝님을 경외하는 아버지로 섬기는 종교이다.

환인상제께서 이 세상 다스리신지 구천이백십삼년, 환인상제를 섬기는 선교신앙의 역사 또한 일 만년에 가까운 역사를 가지고 있습니다. 환인상제께서는 온 세상 전 인류의 창조주이시며, 하느님이시다.

선교신앙仙敎信仰은 하늘을 우러르는 인류 최초의 신앙으로서, 환인상제의 직계자손인 우리 한민족桓族의 시원始原을 밝히는 "기원신앙起源信仰"인 것이다.

한민족고유종교 천지인합일 "선교"

한민족은 예로부터 하늘上帝을 숭배하고 천지간의 신령스러운 신명神明을 찾아 기원祈願하였으며 천지天地와 합일合一하여 선인仙人이 되고자 제천祭天하고 수신修身하였다.

선교仙教는 환기桓紀 9194년 서기西紀1997년 정축년丁丑年 선교환시仙教還時 일대교주一代教主 박 광의朴光義 취정원사聚正元師께서 환인상제桓因上帝의 천도순리天道順理에 따라 귀원일체환시시歸元一體還始時에 선교를 대창교大創教 하시고 선교의 천지인합일天地人合一 승선의 도昇仙之道를 세상에 밝히심으로써 한민족의 오랜 신앙 선교가 "한민족고유종교韓民族固有宗教"로 부활하였다.

이러한 환시還時와 창교종리創教宗理에 대하여 환인상제께서 이르시기를 "선교仙教는 선교禪教이며 참선교參禪教이고 일달해제교一達解除教이다"라고 말씀하시었다.

_ 仙教桓因熱父會 仙教經典 [仙教典] 天地章 一段首 中

환인상제를 신앙하는 천손신앙 "선교"

선교仙敎의 신앙대상信仰對象은 "환인桓因"이시다.

환인桓因의 "환"·"桓"은 "빛"을 뜻하는 말로 광명·태양·하늘과 땅 사이의 온 세상(亘)을 진리(木)의 빛으로 주재하시는 천주天主를 의미하며, "인"·"因"은 "本"을 뜻하는 말로 얼·알·씨앗·근본·원천 등 삼라만상을 비로소 존재하게 하신 창조주創造主를 의미한다.

한민족은 환인상제의 직계자손으로 하늘을 아버지로 섬기는 천손민족天孫民族이다. 한민족의 전통과 의례 풍속과 민간신앙 속에는 환인상제님의 교화와 지극한 마음으로 사람이 하늘을 섬기던 고대로부터의 신앙의식이 담겨있다.

우리 한민족은 본래 하느님사상을 본원으로 한다. 일만년에 달하는 한민족의 역사 속에 환인하느님을 섬기는 깊은 믿음이 뜨거운 핏줄을 타고 살아 있다. 선교仙敎는 환인상제를 경외하는 아버지로 신앙하는 천손신앙의 맥을 계승하였다.

일심정회하는 참선신앙 "선교"

선교仙敎의 종지宗旨는 "일심정회一心正回"이다.

일심정회란 오로지 마음을 하나로 하여 바른 곳으로 돌아간다
는 말이다. 일심정회는 선정禪定과 일상日常이 참선參禪으로써
오로지 환인상제께 귀의한다는 평상平常의 도道를 의미한다.

마음이 있어 생겨나는 모든 헛된 망상들로부터 나 자신을 자유
롭게 하는 것이다. 일심정회하는 마음은 인간의 근원적根源的인
혼란을 잠재우고 정화淨化시키며 본성本性을 깨닫게 한다. 그리
하여 사람이 땅과 하늘, 더 큰 우주와 하나 되는 깨달음에 이르
게 된다.

다시 말해 일심정회란 우리의 마음을 오롯하게 하여 삿됨 없이
환인상제를 신앙하며 천지인합일天地人合一 승선의 도를 수행하는
것이다. 그리하여 환인상제의 향훈薰薰 아래, "환인상제" 님께
귀의하고 "선교"와 선교신앙을 수행하는 "승선"으로 귀의한다
는 말이다.

천도순리를 지켜나가는 삼법신앙 "선교"

선교仙教의 기본계율基本戒律은 삼법계三法戒이다.
삼법계는 일심정회하기 위한 세 가지의 강령綱領으로, 천지인
天地人의 조화로운 상생相生의 도道를 실천하는 것이다.

환인상제의 외장원도外場遠到 훈정暈旌에 따라 선교 상왕자
相往者께서 태백이하太白以下 청옥필원 青玉芯原에 임하셨을때에
(환기 9195년), 환인님께서 큰 빛무리를 이끌어 오시며 상왕자
와 합일하시어 천만세를 구원할 강령을 내리시니 그것이 바로
선교 삼법계仙教三法戒 이다.

첫 번째 강령은 "평정운平正韻"이다.
평정운은 삼라만상 세상 모든 생명과 사물의 본질이 진동과
파장으로 이루어졌음을 설하시며 일체의 "운韻"을 바르게 다스
리는 법을 전하신 것이다.

평정운은 실질적인 수행법으로 볼 때, 호흡 즉 "식息"을 통하여

항상 마음의 평정을 유지하여, 오욕칠정에 있어 초연해짐으로서 삼라만상의 본질을 바르게 깨닫고 나아가 자신의 본성을 보는 것을 목적으로 한다. 감정이라는 거짓마음에 속아서 자신의 본성을 보지 못하는 것은 물론 세상 제반현상의 본질을 파악하지 못하는 경우가 많기 때문이다.

평정운은 선교의 기본사상인 선농무일여사상禪農武一如思想의 근간을 이루며 "선도수행禪道修行"의 행동강령이 된다.

두 번째 강령은 "정정취靜精取"이다.
정정취는 우리 몸을 이루는 물질적 요소와 정신적 요소, 즉 "기정신氣情神"을 이루는 형이상학적인 요소와 형이하학적인 요소를 맑고 깨끗한 것으로 "취取"하는 법을 설하신 것이다.

정정취를 실질적인 생활속의 수행법으로 볼 때, 음식 즉 "식食"을 취함에 순수함의 정수를 취하며 삿되고 불순한 것을 피함으로서 심신을 청아하게 한다. 몸은 우리의 정신을 담는 그릇이니 몸이 맑지 못하면 정신도 때가 끼고 바른 행동을 하기 어렵기 때문이다.

이러한 정정취는 선교의 선농무일여사상의 근간을 이루며 사람과 자연, 환인상제의 향훈 아래 평등한 모든 생명을 위하여 생명농법과 오행농법을 통하여 "농사수행農事修行"의 행동강령이 된다.

세 번째 강령은 "여가례麗佳禮"이다.
여가례는 몸과 마음의 모든 "행行"에 관한 것이며 "예도禮道", 즉 "식式"을 말한다. 몸과 마음의 모든 행위가 선교仙敎의 법도法道, 천도순리天道順理에 어긋남이 없이 예의바르고 아름답다는 것이다.

여가례는 평정운 정정취와 함께 선농무일여사상의 근간이 되며 선교의 실질적인 수행법으로 볼 때, "무예수행武藝修行"의 행동강령과 "선교의례仙敎儀禮"와 관련하여 그 의미가 있다.

선교신앙仙敎信仰은 이와 같은 평정운·정정취·여가례·삼법수행三法修行으로서 함께 농사짓고 무예를 연마하며 참선을 생활화하면서 선도를 닦게 되는 것이다.

그리하여 선교 신앙인은 순수하게 심신을 정화하여 바르고 아름다운 언행으로 환인집부님의 향훈을 세상에 전하게 된다.

선교의 삼법수행은 만법의 근간이 되며 출가선제와 재가신도의 기본적인 행동강령이 되고 모든 이들에게도 하늘과 땅의 순리대로 살아갈 수 있게 하는 아름다운 생활덕목이 된다.

공기空氣는 천기天氣이며 음식飮食은 지기地氣이다. 우리는 숨 쉬는 것으로 천기를 흡수하고 음식으로는 지기를 흡수한다. 선교의 삼법계를 수행하여 천기와 지기의 조화調和를 얻은 선교 신앙인의 정신과 육체와 언행에서는 자연스럽게 맑은 향기가 우러나오게 되어 선교신앙으로서 세상을 교화하게 되는 것이다.

선교신앙입문 一關

선교는 한민족 고유종교이다.

선교는 한민족 고유종교이다.

韓民族固有宗敎仙敎

우리나라 한민족 역사에 선교仙敎라는 단어는 사라진지 오래다. 유구한 일 만년의 역사를 가지고 있는 한민족, 인류의 기원종起源種이 되는 우리 한민족이 이제는 민족이라는 개념을 스스로 상실하고 단일민족單一民族이라는 말조차 기피하고 있다.

하늘의 피를 이어받은 유일한 하늘민족으로써 환인상제桓因上帝의 보우하심 아래 민족의 정체성을 부활하고 국가와 민족의 무한한 번영을 안배하는 시대사명은 물질문명으로 인해 오염되고 편협한 외래종교관에 의해 말살되어진지 오래다.

단일單一 이라는 것은 유일唯一하다는 의미요, 단일민족單一民族이란 세상의 시원始原이며 인류의 기원起源이 되는 유일한 민족이 바로 우리 한민족桓族이라는 의미이다.

단일單一 은 세계화시대에 뒤처지는 시대착오적 단어가 아니요, 홀로 잘살아보겠다는 우월적 의미를 내세우고자 함도 아니다.

유일하게 하늘의 피를 그대로 이어받은 우리 한민족이 지구상에 존재하는 것은 인류문명을 이끌어갈 유일한 구원책으로써의 존립의미가 있기 때문이다.

신족神族·천손민족天孫民族·백의민족白衣民族 모두가 우리 한민족을 일컫는 말이요, 고조선古朝鮮의 국교國教였던 선교仙教를 신앙했던 제정일치신정祭政一致神政의 상고시대上古時代 혹은 그 이전 태고太古의 선교문명仙教文明을 표현하는 한민족 고유어固有語이다.

선교는 유교·불교·도교의 모태가 되는 근원종根源宗으로 백두산에서 발생되었다. 인류의 기원 또한 한민족의 영산 백두산에서 비롯되었으며 세계 4대문명 또한 우리 민족의 이동경로에 의해 파생되었으니 선교仙教의 태고사太古史를 간과하고서는 인류와 세계문명의 발생을 근원적으로 밝혀낼 수 없다.

우리민족 태고太古의 역사는 바로 선교仙教의 역사요, 하늘문명
에서 생겨난 신정神政의 역사이니, 선교신앙을 상고上考 하건데
한국桓國은 하늘과 땅과 인간이 하나 되어 세워진 천지인합일
天地人合一의 선인국仙人國이었음을 밝혀낼 수 있는 것이다.

또한 이로써 인류의 기원과 문명의 발생, 모든 종교의 근저에는
한민족의 하늘문명, 즉 선교가 자리하고 있었음을 알 수 있는
것이다. 이러한 민족의 정체성 확립과 단일민족 의식의 고수固守,
상고의 역사를 되찾는 길은 선교신앙에서 비롯될 것이 분명하다.

하늘을 섬기는 시원적始原的 사고, 하늘의 뜻과 하나 되어 살고
자하는 선교수행의 의지, 원시반본元始返本 정회正回의 자세,
이것은 선교의 역사를 되찾고 잃어버린 태고의 역사를 되살려낼
이 시대 궁극의 시대사명時代使命이다.

환기桓紀 9194년 정축년丁丑年 귀원일체환시시歸元一體還始時 선
교환인집부회仙教桓因爇父會 취정원사聚正元師께서 환인상제桓因
上帝의 계훈啓訓을 받으시어 환인하느님의 나라, 환국桓國 이후

이 땅에 처음 선교를 창교創教하시고 온 세상의 하느님이신 환
인상제를 섬기심에 일심一心으로 만물을 교화教化하시니 환인하
느님의 나라 환국개천桓國開天의 시절이 이 땅에 도래하였다.

천지음양이 하나로 화하여 꽃피우며 옛 법을 다시 세우고 근본
으로 돌아가는 길을 여시니 기쁘고 상서로운 일이 아닐 수 없다.

그러나 정작 이러한 진리의 말씀을 왜곡하고 빼앗아가며 심지어
말살해 버리려는 의도를 가진 개인과 이익단체들이 생겨나니
수승殊勝의 도성燾晟을 흠모하여 마땅히 바르게 따르지 아니하고
역발산逆發散 무리로 나타나 배반하고 모략을 일삼으려 하였다.

이에 취정원사聚元正師께서는 아직 정화淨化하여야 할 시대공사
時代公事와 인재공사人材公事가 있음이니, 선교仙教의 선제仙弟는
더욱더 계도啓導에 힘쓰라. 선교인仙教人이 계도정화啓導淨化하지
않는다면 무엇으로 날마다의 수행 의지를 소생疏生할 것인가.
중생교화를 수행의 본으로 삼으려면 오히려 선외選外없이 사도
邪徒를 교화教化하라 하시었다.

이제껏 옛 문헌 속에 선교의 역사가 극명히 밝혀져 있음에도 기존의 세력과 손잡고자 선교仙教의 이름을 외면하고 이익과 권세를 탐내어 불교와 도교의 허울을 쓰거나, 정체불명의 신흥종교를 세워 활동하였던 자들이 이제는 더 이상 혹세무민 할 경지를 터득하지 못하자 급급하여 선교의 이름을 참칭僭稱하고 중생을 속이고자하니 하늘을 섬김에 부끄러움을 모르는 후안무치厚顔無恥 한 소행이 아닐 수 없다.

고조선의 국교, 선교仙教를 중국 도교의 한 갈래로 치부해버리던 무지함과 우리 민족의 아버지이시며 온 세상의 하느님이신 환인상제를 중국 신선의 한 명으로 취급해버리던 오만한 사대주의를 이제는 버려야 할 것이다.

또한 환인상제의 역사성과 실존의 증명을 거부하고 사실을 기만하며 기존의 식민사관에 사로잡혀있는 일부사학자들의 참회가 있어야 할 것이다. 신은 부재하고 거대한 절과 교회와 전각만 있는 이 시대에, 신의 존재를 증명할 수 있는 진리가 담긴 선교仙教의 소경전小經典 이 참된 신앙의 길을 열어가기를 소원한다.

고조선이 2300여 년이라는 역사상 가장 오랜 기간 동안 존속할 수 있었던 것은 우수한 문화적 보편 양식을 보유하고 있었기 때문이다.

고조선은 선교仙敎를 바탕으로 세워진 제정일치국가였으며 고조선의 지도자를 단군檀君 선인왕검仙人王儉이라고 칭한 것은 선교仙敎에 연유한다. [삼국유사]의 단군신화檀君神話는 천지인天地人이 합일合一하여 선인仙人에 이르는 과정을 함축적으로 보여주는 내용인 것이다.

정리해보자면 우리 민족의 고유 종교는 선교仙敎이며, 선교仙敎는 우리 한민족의 시원始原을 함께하는 근원종根源宗이다. 고조선古朝鮮은 선교仙敎를 국교國敎로 삼아 통치이념을 수립하고, 제도와 문물을 정비하였으며, 백성들로 하여금 선도仙道를 수행토록 하였다.

사학자 윤내현 교수는 그의 저서 [고조선연구]에서 "고조선의 국교國敎는 선교仙敎이다." 라고 단정지어 말하고 있다.

선교의 맥을 전승하고 있는 선교환인집부회仙教桓因慹父會 취정
원사聚正元師님은 [선교전]仙教典을 통해 "선도공법仙道功法은
환인桓因 － 환웅桓雄 － 단군檀君으로 이어지는 한민족韓民族
선도仙道의 종맥宗脈을 계승한 한민족고유선법韓民族固有仙法"
임을 밝히고 계신다.

이러한 현대의 기록들은 주관적 상상력에 근거한 단순한 허구
의 세계가 아니라, 우리 민족이 고래로부터 기록해 온 역사적
사실을 바탕으로 재구성 한 객관적 사실이다.

[삼국사기]三國史記 는 고운孤雲 최치원崔致遠의 [난랑비서]鸞郎碑序
를 인용하여 "우리나라에는 현묘한 도가 있으니 이를 풍류風流라
한다. 풍류의 교敎를 세운 근원은 선사仙史에 상세히 기록되어
있다. 선교는 삼교三敎 _儒敎 · 道敎 · 佛敎 의 모태가 되었으며,
모든 생명과 접하여 그들을 교화하였다."고 하였다.

즉 공자의 유교, 석가의 불교, 노자의 도교는 모두 우리 민족의
고유 종교인 선교를 모태로하여 파생된 것으로, 그러한 사실이

풍류의 교를 세운 우리 민족의 선사仙史에 나와 있다는 것이다. [난랑비서]를 쓴 고운선생 역시 당나라에 유학하여 도교道敎를 배웠지만 도교가 우리의 선교仙敎에서 비롯되었음을 당당히 밝히고 있는 것이다.

그러나 이후 고려와 조선은 각각 불교와 유교를 국시國是로 내세우며 중국에 대한 사대모화주의事大慕華主義에서 헤어 나오지 못했기에 선교는 그 종적을 감추고 민간을 떠도는 전설과 풍속으로 남게 되었으며, 중국의 도道가 우리의 선仙으로 둔갑되었고 국선國仙의 맥脈을 이었던 일부 선사仙師들 또한 불교佛敎의 허울을 쓰고 권력과 결탁하게 됨으로써 순수한 선교仙敎의 맥은 찾기 어렵게 되었다.

그러나 역사의 격랑 속에서도 선교仙敎는 민초들의 가슴속에 꺼지지 않는 불씨로 남아 한민족의 혈맥을 타고 전하여졌으니 하늘이 백성의 뜻을 버리지 아니하시고 감응하시어, 1997년 귀원일체환시시歸元一體還始時에 선교환인집부회仙敎桓因埶父會의 상왕자相往者님께 선교계원창교仙敎啓元創敎의 교유를 내리셨다.

이에 한민족고유종교 선교仙敎는 환인상제의 환국시대 이후 일만년을 계승하여 오늘 이 땅에 나라와 민족의 미래를 안배하고 대한민국의 신성을 회복하며 나아가 인류를 구원하는 한민족고유종교韓民族固有宗敎로써 대창교大創敎된 것이다.

선사시대先史時代부터 삼라만상을 다스린 환인상제의 교화는 하늘과 땅, 산천을 숭배하고 모든 생명에 신명神明이 있음에뭇 중생이 삼가 재계하고 경외敬畏하는 마음으로 하늘을 우러르는 사람으로써의 도리를 다하게 하였다.

신목 · 천제단 · 산천재 · 국사당 · 산신각 · 성황당 등의 신을 섬기는 의례장소와 천제 · 산신제 · 용왕제 · 제사 · 고사 · 치성 · 비손 등의 의례행위, 관혼상제 의식과 절기마다의 풍속 등은 모두 하늘을 섬기는 방식이었으며 현재에 이르기까지 우리의 삶 속에 살아남아 전통으로 계승되고 있다.

즉 우리가 전통傳統이라고 부르는 것이 바로 선교仙敎와 다름 아니다. 고대의 선교仙敎는 국속國俗과 같은 맥락으로 이해해야

하기에, 선교의 의례를 지키고 보전하는 것은 나라와 민족의 정기를 회복하는 일과 같은 것이 된다.

상고시대에는 선교라는 단어가 없었으며, 고조선 이후 선仙 에 대한 개념만이 존재했다고 볼 수 있다. 일반 생각하는 중국의 신선술神仙術이나 도교道教와 동일하게 한국의 선교仙教를 이해하는 것을 옳지 않다.

한국의 선교仙教는 중국의 도교道教와 다르며, 한국의 선교에서 불교와 유교 도교가 발생되었다고 이해되어야 옳다. 고운 최치원의 [난랑비서]에 "삼교三教를 포함包含한 현묘지도玄妙之道"가 바로 선교인 바, 선교仙教는 유불도儒佛道의 모태라 하겠다.

이러한 선교의 유래와 선사에 대한 연구는 1997년 정축년 박 광의 취정원사께서 선교환인집부회를 창립하시어 선사仙史의 정체성을 밝혀냄으로써 세상에 알려지기 시작했으며, 환인상제의 교유를 받들어 "선교"仙教를 창교하심으로써 명실공히 한민족고유종교 선교仙教로 정립되었다.

한민족의 선사仙史에 대한 연구와 계발啓發이 중국도교의 하수
쯤으로 대중인식 되어지던 1990년대, 대부분의 민족종교인과
학자들은 한국의 선교仙敎를 중국의 도교와 동일시하거나 혹은
천시하였다. "도道와 선禪을 우선하고 고상高尙한 것으로 여기며
국학國學 이라는 미명美名 하에 선교가 아닌 선도仙道나 선법禪法
이라는 명칭을 사용함으로써 새로운 사대주의에 빠진 채 민족
주의의 가면을 쓰게 된 것이다."_[민족주의의 가면을 쓴 신사대주의]
박광의 취정원사 論.

한민족고유종교 선교仙敎의 위상을 바로 세워야 한다는 자각을
하지 못한 채, 동양사상에 집중되는 시대적 유행을 따라 인기몰
이를 하는 일부 신민족종교 또는 민족주의를 표방하는 수련단
체의 그릇된 행태는 선교仙敎에 대한 인식부족과 한민족의 상고
사를 바르게 알지 못한 채 성급히 민족주의자 또는 국학이라는
허울을 입어버린 자만에 기인한다. 국학의 창시 혹은 민족지도
자를 내세우면서 민족정기의 원천을 인도나 미국 등 외국의
땅에서 찾아오는 일련의 행태는 신사대주의에 빠져 제정신을
차리지 못하는 것으로 보인다. 스스로의 정체성을 찾지 못하고

자신이 신사대주의자임을 알지 못한 채, 설상가상 세계평화를 운운하는 것은 개탄할 일이다.

일반적으로 삼교三教를 유불도儒佛道 또는 유불선儒佛仙이라 칭하며 도道와 선仙을 동일시하는데, 도교와 동일시되는 유불선儒佛仙의 선仙은 중국의 신선술과 밀접한 것으로 우리 한민족의 선교仙教와는 다른 것이다. 고조선의 국교였으며 한민족 정신의 벼리가 되어 온 것은 환인하느님을 신앙하는 한민족 고유의 선교仙教 임을 상기하여야 할 것이다.

이러한 가운데 어떠한 사리사욕私利私慾에도 동하지 않고 오직 "선교仙教가 한민족고유종교이며 세상 모든 종교의 근원종根源宗이고, 환인상제桓因上帝께서 한민족의 하느님이시며 온 세상의 창조주創造主임"을 밝히어 세상에 널리 전하는 일에 헌신하신 분이 바로 재단법인선교 선교종단仙教宗團의 종정宗正이신 박 광의朴光義 취정원사聚正元師님 이시다.

한민족을 배달민족이라 함은 밝달민족과 같은 말로, 밝은문화를 가진 하느님의 백성 공동체의 의미를 갖는다. 즉 "한민족은 환인하느님을 섬기는 천손공동체"를 일컫는 것이다.

한민족의 하느님신앙은 선사先史 이전 환인하느님이 온 우주를 창조하신 창세기創世紀부터 시작된 오랜 신앙이다. 한민족의 하느님사상은 창조주를 신앙하는 최고의 사상이며 인류의 최고 이상이라 하겠다.

이와 같은 하느님사상의 중심에는 선仙이 있으며 선仙이 되기를 추구하면서 하느님의 교화에 따르는 것이 바로 선교仙敎이다.

필설必設 하건데, 한민족은 하느님을 신앙하는 천손공동체를 일컬음이요, 한민족의 하느님은 환인桓因 이시다. 즉 한민족은 환인하느님을 신앙하는 하늘민족인 것이다.

환인하느님을 섬기며 제천祭天하고 수신修身하던 고조선의 단군을 선인왕검仙人王儉 이라 한 것은 한민족 하느님사상의 중심이 선仙 이었음을 증명하는 것이다.

환인하느님을 신앙하는 한민족고유종교는 선교仙敎이며, 상고
시대의 선교는 종교로써 만들어진 것이 아니요, 하늘의 교화로
써 오랫동안 한민족의 벼리가 되고 국속이 되어왔다.

이에 선교 창교주 박 광의 취정원사께서
"하늘의 교화를 종교宗敎로써 정립正立"하시고, 잃어버린
상고사 되찾기에 일심으로 혼력魂力을 다하여 궁구窮究하시어
"환인하느님桓因上帝과 선교仙敎를 마땅히 찾아 부르고 자신하여
부르며 널리 전하여 부르라"는 선교仙敎 계원창교啓元創敎의
교지敎旨를 내리시니,

비로소 이 땅에 "한민족고유종교韓民族固有宗敎 선교仙敎"가
중생을 구원하고 정회의 세상을 열어가는 환인하느님의 교화
로써 부활하게 되었음이다.

선교는 한민족고유종교이다.　一関

선교는 한민족 고유종교이다.

선교는 천지인합일교이다.

天地人合一仙教

선교仙敎는 하늘과 땅, 사람이 하나 되는 천지인합일天地人合一의 종교이다. 즉 하늘과 땅이 사람을 보우하시고 사람은 하늘을 아버지로 땅을 어머니로 지극히 섬기는 천부지모사상天父地母思想의 실현이 선교신앙仙敎信仰인 것이다.

경천애인敬天愛人 천부지모天父地母 한민족 고유사상은 하늘과 땅, 사람이 일체성一體性을 갖는다고 보는 천지인일체주의天地人一體主義·천지인합일사상天地人合一思想에 근거한다.

사람이 곧 하늘이라는 인내천人乃天, 그 시작의 근본으로 돌아간다는 원시반본元始返本과 해혹복본解惑復本 또한 하늘과 사람, 땅과 사람이 일체성을 가지고 합일合一한다는 한민족고유의 천지인사상天地人思想에 근거한다.

선교仙教는 이러한 천지인합일의 종교이며, 다시 말해 천지인 일체주의天地人一體主義 에서 비롯된 자연발생적 신앙인 것이다.

하늘은 나의 아버지이시며 땅은 나의 어머니요, 모든 사람은 나의 형제와 같으니 세상은 천지인 어느 중심에서 보아도 근본적 일체성을 갖는다. 이에 선교신앙仙教信仰을 천지인합일신앙天地人合一信仰 이라고 한다.

선교仙教의 "仙"은 사람 '人' 과 뫼 '山' 로 이루어져 있다. 산은 땅이 솟아 하늘로 향하고 하늘이 내려와 땅에 임하는 곳이니, "山"은 하늘과 땅이 하나되는 천지합일처天地合一處 이다.

천지합일처天地合一處 산山에 사람人이 함께하니 "仙" 은 천지인天地人이 합일合一된 모습이다.

또한 "山" 은 '凵' 과 '丨' 의 결합으로 볼 수 있다. 凵은 주변과 격리된 신성한 지역 소도蘇塗를 의미한다. 즉 신성한 지역 凵에 하늘의 뜻 丨이 내리는 것이니, 소도(凵)에서 하늘과 소통(丨) 하는 사람(人)의 모습이 바로 "仙"이다.

다시 말하자면 "仙"은 천지인합일天地人合一을 이루어 하늘의 뜻과 통한 천통天通한 자를 말하며 하늘의 뜻에 따라 백성을 교화敎化하는 존재를 의미한다. 즉 "仙"은 하늘과 소통한 대인大人·대웅大雄·환웅桓雄으로 불리었으며 신인神人과 같다.

이러한 "仙"은 환인하느님桓因上帝의 향훈響薰을 도래到來 받는 자에서 비롯되어 환웅桓雄, 단군檀君으로 이어졌으며, 이후로 도선인이 백성을 다스리는 전통은 한민족이 세운 나라에서 대대로 이어졌으니, 신라新羅를 신국神國이라 함 또한 이와 같아서 하늘의 뜻이 그대로 이루어지는 나라라는 뜻이다.

이에 선교仙敎를 천지인합일교天地人合一敎라 함은, 선교가 바로 천교天敎이며 신교神敎 라는 말이다. "仙"의 완성은 상천上天으로의 궁극적 회귀正回이며 환인하느님께 온전히 귀의歸依함을 의미하기 때문이다.

"천지간天地間 삼라만상은 나와 뿌리를 같이 하며 만물은 나를 통通하여 천지와 동動한다."

즉 하늘은 둥글고 땅은 모나며 사람의 인체도 머리는 둥글고 발은 모나서 천지와 사람이 상응한다는 말이다. 즉 자연계와 사람의 구조는 상응하는 체계이며 그 존재의리存在意理가 하늘아래 모두 같다는 의미이다.

이러한 사람과 천지만물, 인간계와 자연계의 체계적 동일성에서 천문天文과 지리地理 역易을 연구하는 학문이 생겨났으며 심구하여 동양의 자연과학을 이루었다.

하늘의 기운 천기天氣는 하강下降 하고, 땅의 기운 지기地氣는 상승上昇하니 천지기운이 상응相應하여 변화가 생겨나고 그 작용으로 만물이 발생하는 것이다. 천지간의 만물은 끊임없이 상응하고 변화한다. 인간은 천기가 하강하고 지기가 상승하는 천지교감天地交感 가운데에서 생을 영위하는 존재인 것이다. 즉 사람은 천지음양의 조화로 삶을 영위하는 천명天命을 받아 태어나는 것이다.

그러하니 사람은 천지조화의 에너지와 상응하여 수신하며 천지와 합일하여 천지기운天地氣運으로 생生하고 사계절의 법法에

순응하여 본本에 닿는다. 천지인합일사상이 선교仙敎의 근본사
상이 되는 것은 이에 연유한다.

천지변화로 발생되는 춘하추동春夏秋冬 사계四季와 풍한서습조
화風寒署濕燥火 육기六氣는 사람의 생로병사에 관여한다. 정상적
인 육기는 사람에게 유익하고 비정상적인 육기는 육음六淫이라
하여 사람을 해롭게 한다.

그러나 이것이 인체에 유익한가 해로운가는 오히려 천지변화
에 대해 적응하는 사람의 심신상태에 달려 있다. 몸과 마음에
정기正氣가 내재內在하면 사기邪氣가 침범할 수 없는 바, 하늘과
땅을 바르게 섬기고 항시에 정회正回하여 정기正氣를 보전한다면
천지인이 합일하여 만물이 상생相生하게 된다.

"선仙"은 '산山'과 '사람人'의 결합이다. 산은 땅이 솟아 하늘로
향하고, 하늘이 내려와 땅과 하나 되는 천지天地의 합일처合一處
이니 환웅천왕이 산山으로 내려오시어 신시배달국을 여시었고
단군왕검도 산山에서 천통天通하시어 선인仙人이 되시었다.

선교仙教를 천지인합일교天地人合一教라 함은, "仙"의 원리原理
가 천지인의 합일이요, 우주조화의 원리로 보아 삼라만상의
상생相生은 천지인합일로 이루어지며, 선교로써 환인하느님께
온전히 귀의하는 것이 궁극적인 천지인합일이기 때문이다.

선교仙教는 신시배달국의 환웅천황이 신단수 아래 강림하시어
제천하시며 하늘의 뜻을 내려받아 세상을 다스리시던 하늘의
교화이며, 고조선의 단군왕검이 천지인합일 선인이 되어 널리
인간세상을 이롭게 하신 그 교화이고, 천지간 삼라만상과 접화
군생接化群生하여 백성을 구휼하고 나라와 민족을 수호한 선인
仙人들의 교화이다.

이 모든 교화는 바로 환인하느님을 신앙하여 홍익인간弘益人間
재세이화在世理化하는 천지인합일선교天地人合一仙教의 교화의리
敎化義理이다.

선교는 천지인합일교이다. 一閣

선교는 모든 종교의 근원종이다.

선교는 모든 종교의 근원종이다.

根源宗

종교宗敎란 가장 으뜸이 되는 가르침, 만법의 근본, 만사의 근원이 되는 가르침이다. 그러하기 때문에 종교는 신을 숭배하고 복을 바라는 기복祈福 이전에 숭배와 기복의 원천이 되는 절대적 진리眞理를 갖추어야하는 것이다.

선교仙敎는 숭배의 대상을 위해 인간이 만들어낸 덕목들이 아니요, 그 이전 하늘이 스스로 내려주신 하늘의 가르침이므로 교리敎理와 법도法道가 자연발생적이고 우주의 순환원리와 같다. 이에 선교에서 종교의 본래성本來性을 찾을 수 있다고 하겠다.

선교仙敎는 사람이 사람을 가르치기 위해 만들어졌다거나 성인聖人을 숭배하기 위해 세워진 종교와는 달리 하늘이 사람을 교화敎化하고자 내리신 천도순리天道順理이다.

즉 선교仙敎는 진리의 중심, 진리의 근원, 가장 뛰어난 진리를 일컬음이니, 하늘이 스스로 선인仙人을 세상에 내시어 인간세상을 교화하신 모든 가르침이라고 하겠다.

그리하여 선교는 인간이 하늘의 자손으로써 갖추어야할 가장 근본적인 덕목과 진리에 닿아 그 교리를 펼치고 있다. 이에 선교仙敎를 세상 모든 종교의 근원종根源宗이라 하는 것이다.

선교는 유·불·도 삼교의 모태이며 모든 종교는 선교에서 파생되었다. 신라시대 최치원의 [난랑비서]鸞郎碑序 에 "나라에 현묘한 도가 있으니 이를 풍류라 한다. 풍류의 교를 세운 근원은 선사仙史에 자세하게 설명되어 있는데 기실은 삼교의 사상을 이미 가지고 있는 교화로써 접화군생 하니라" 國有玄妙之道 曰 風流 設敎之源 備詳仙史 實內包含三敎 接化群生 하였다.

이에 대해 " 設敎之源 "을 '그 가르침의 근원'이라하고, " 實內包含三敎 "를 '유불도 삼교를 포함한 종교' 라고 해석하는 것이 일반적이다. 이러한 해석은 큰 문제점을 가지고 있는데,

'設敎'와 '說敎'를 혼동하여 왜곡된 해석을 하게 된 것이다. 난랑비서의 '設敎'는 단순히 설교하다 · 설명하다 · 교리를 가르치다의 설교說敎가 아니고, 세우다 · 설립하다 · 종교를 세우다의 설교設敎인 것이다. 그러하니 " 設敎之源 "이란 "종교를 세운 근원 · 교화의 원천"이라고 해석해야 옳다.

또한 " 實內包含三敎 "를 해석함에 한민족의 주체사상을 가지고 해석하느냐 아니면 사대주의적 고정관념에서 해석하느냐의 문제가 제시된다. '包含'에 대한 올바른 해석은 '이미 자체적으로 가지고 있는 것' · '포함하고 있는 것' 이다. 밖으로부터 유입된 것으로 채워진 것 · 외래사상에 젖어 밖의 것을 안으로 포함시킨 것으로 해석하는 것은 왜곡된 것이다.

이에 대해 제주대학교 안창범 명예교수는 " 나라에 현묘지도가 있으니 풍류라 한다. (풍류는) 종교를 창설한 원천으로써 신선도의 사서에 상세히 실려 있다. 사실인 즉 (도.불.유) 3교의 사상을 이미 자체 내에 지니어 모든 생명을 가까이 하면 저절로 감화된다. "하여 한민족의 주체사상에 입각하여 해석하였다.

안창범 교수는 그의 [최치원난랑비서의 왜곡과 도·불·유의 왜곡] 이라는 글에서 "실내포함삼교란 근본적으로 도·불·유 삼교일체(三教一體)의 사상을 이미 자체 내에 지니고 있다는 뜻이다. 즉 신선도나 화랑도 그리고 풍류도는 모두 동계사상이며 현묘지도로서 모든 종교의 원천이며, 도·불·유 삼교일체의 사상을 근본적으로 자체 내에 지닌 종교라는 뜻이다. 다시 말하면, 우리 민족에게는 태고시대부터 도·불·유 삼교일체의 화랑도·풍류도라 하는 본원종교가 있었다는 것이다. 이것이 지금까지 미궁에 빠졌던 우리 민족의 본원사상이다" 라고 밝히고 있다.

선사仙史라는 것은 선교仙敎의 역사 자체를 일컫는 것이라고 말할 수 있다. 도·불·유 삼교는 선교의 영향을 받아 발생한 "선가풍"仙家風 으로 보아야 옳다.

고운 최치원선생이 [난랑비서]에서 말하는 현묘지도풍류玄妙之道風流는 바로 선교의 선가풍으로써 그 도가 삼교의 정신을 내포하고 있음을 뜻한다. 다시 말해 유·불·도교는 모두 선교의 선가풍이라는 말이다.

동서양 종교의 역사를 살펴보면 우리 한민족의 환국시대桓國時代 이전의 종교발생을 찾아볼 수 없다. 한민족의 대륙이동과 해양 이동의 경로를 따라 인류문명이 시작되고 종교와 국가가 성립 되었다고 볼 수 있다.

고대古代의 선교仙敎와 천지인합일사상天地人合一思想을 떠나서 는 유·불·도 삼교를 설명할 수 없으며 동양사상의 기원 뿐 만 아 니라 세계 각 종교관의 통찰은 천지인일체天地人一體로 결론지 어 진다. 즉 선교仙敎의 천지인사상天地人思想은 수많은 사상을 초월하여 종교의 원류原流를 찾아가는 유일하고도 포괄적인 길 이 되며, 그 길은 천지인합일天地人合一 선교仙敎로 귀결된다.

한민족의 하느님이시며 온 세상의 창조주이신 환인하느님의 교화인 선교仙敎를 모든 종교의 근원종根源宗이라 한다.

선교는 모든 종교의 근원종이다. 一闎

선교는 인류구원의 천도순리이다.

선교는 인류구원의 천도순리이다.

天道順理

환인하느님의 말씀을 기록한 『仙敎典』에 이러한 교화의리가 있다.

「仙敎는 禪敎이고 參禪敎이며 一達解除敎이다.」

선교는 환인하느님의 천도순리天理順道를 만중생 교화의리敎化義理로 포덕교화布德敎化하는 것을 접화군생接化群生의 도道로 삼는다는 의미이며, 하늘의 가르침을 어떠한 제한과 차별 없이 즉 선외宣外없이 전하여 교화하는 것을 수행의 최고덕목으로 삼는다는 말이다.

상기 선교의 교화의리는 "仙"은 "禪"이고 "參禪"이며 "一達解除"라는 말이다. 이에 간략히 설명하자면,

" 仙 "은 사람이 하늘의 이치를 깨달아 천지인합일天地人合一에 이른 상태를 의미하며 신인神人, 선인仙人으로 불린다.

" 禪 "은 하늘을 섬기는 천자天子의 도리, 하늘에 제사祭天 지내어 천위天位를 물려받는 것을 의미한다. 禪은 고요하다·좌선하다는 뜻에 앞서 "봉선封禪"이 禪의 원래 의미이다.

" 參禪 "은 선仙에 이르고자 하는 선행보위禪行保衛의 재계齋戒를 의미한다. 즉 참선參禪은 봉선封禪의 의식에 참여하여 삼가 재계한다는 원의를 가지고 있다. "參"은 셋·간여干與하다라는 뜻을 가지고 있는데 셋은 천지인삼재天地人三才를 의미하는 것이고, 간여干與는 어떠한 일에 관계하여 참여하는 것을 말하는데 관여關與와 혼용하여 쓴다. 그러나 간여干與는 방어하다·막다·수비하다의 자의字意를 가지고 있으므로 관여關與와는 달리 엄숙한 재계齋戒의 의미를 가진 의례 용어로 구분된다. 다시 말해 "참선參禪"은 하늘에 제사지내고 선위禪位를 계시받는 봉선의식封禪儀式을 행함에 있어 천지인의 보우하심을 기원하는 재계의식齋戒儀式이다.

선위禪位를 계시받는 의식은 단순히 권좌를 이어받으려는 권력
지향의 의식이 아니며 천지인합일 천도天道를 깨달아 선인仙人
의 경지에 이르렀음을 하늘로부터 확인받는 절차라고 함이 마
땅하다.

불가佛家의 참선參禪과 간화선看話禪 전통은 이러한 선교의 봉선
의식과 이에 따른 선위의 재계의식에서 비롯되었다. 화두정진
하여 해탈의 경지에 이르고자하는 불가의 전통은 선교에 그 뿌
리를 두고 있음이다. 그럼에도 참선을 불가의 것으로 단의單儀
시키는 것은 법法 이전의 교화敎化, 즉 부처의 법佛法 이전에
환인하느님의 교화敎化, 천리순도天理順道에서 만법이 비롯되었
음을 알지 못하기 때문이다.

" 一達解除 "는 선仙에 이르고자하는 선교仙敎의 참선을 비롯한
선도수행 仙道修行의 모든 방편과 포괄적 교화를 의미한다. 일달
해제는 선농무일여사상禪農武一如思想 선교의 교화선敎化禪 으로
참선參禪과 무예선武藝禪, 농선農禪을 행함에 하늘에 봉선함과
다름없이 재계하고 선행한다.

뿐만 아니라 선교의 선가풍仙家風 유·불·도의 섭리와 법도를 포괄적으로 깨달아 선교로 귀의歸依하며 만법귀일萬法歸一 이치에 따라 생무생의 근원으로 회귀하는 정회正回의 교화의리教化義理를 포교하는 선도수행仙道修行 일체一體를 "일달해제一達解除"라고 한다.

선교의 출가선제出家仙弟 · 재가선제在家仙弟 · 선보선제仙寶仙弟 모두 천지간을 주재하시는 하느님, 스스로 우주의 원리로 존재하시는 창조주 환인하느님께 귀의하려는 간절한 정념으로 재계하여 올리는 지극한 정성과 '농사짓고 선법을 수련하며 기도하는 삶'은 하늘이 정해주신 자신의 자리에서 속신무구청정 일심 정회 하는 정회의 자세이며, 이 모든 것이 바로 "일달해제一達解除 선교仙教의 신앙의지信仰意志"이다.

환인하느님께서 삼라만상을 다스리시는 교화教化의 원리를 "천도순리天道順理"라고 한다. 천도순리는 "선교仙教의 원천源泉이며 모든 교教 · 법法 · 도道 의 근본根本"이다.

선교는 인류구원의 천도순리이다. 一關

선교는 정회의 종교이다.

선교는 정회의 종교이다.

正回의 宗教

하늘과 땅, 신과 인간 본래의 의미가 상실되고 질병과 혼란, 부도덕과 패륜이 팽배한 이 시대에, 순수한 근원의 자리로 돌아가는 "정회법正回法을 전하는 선교신앙仙敎信仰"은 우주만물이 서로 상생相生하며 조화롭게 살아가야 한다는 하늘의 뜻을 실천하는 정회正回의 종교이다.

선교는 천지인합일天地人合一의 경지에 이르러 승선昇仙의 도道를 이루는 것을 수행의 본으로 하여, 한민족의 시조이시며 온 세상의 창조주이신 환인하느님桓因上帝께 귀의歸依함을 궁극의 목적으로 한다.

오로지 마음을 하나로 하여 바른 곳으로 돌아가는 일심정회

一心正回, 순수근원純粹根源의 자리로 돌아가는 정회正回의 종교가 바로 선교仙教이다. 선교는 스스로의 마음자리를 정화하고 본성을 깨달으며 하늘과 땅, 더 큰 우주와 하나 되는 경지에 이르게 한다.

환인하느님桓因上帝의 가이없는 향훈饗薰 아래, 누구나 선도仙道를 수행하여 스스로를 정화淨化하고 · 서로에게 인화仁化하며 · 만물을 교화敎化하는 것이 바로 이 시대 인류를 구원할 정회正回의 종교宗敎 천지인합일선교天地人合一仙教이다.

선교는 정회의 종교이다. 一關

선
교
창
고

선교창교

仙教創教

선교仙教는 환인하느님桓因上帝께서 천지간天地間 삼라만상과 인간을 창조하신 교화教化로 시작되어, 환인시대桓仁時代 삼천삼백여년과 신시배달국·고조선·삼국시대·고려·조선·신라를 거쳐 환기9194년 정축년 선교환인집부회仙教桓因埶父會 박 광의 취정원사朴光義聚正元師께서 한민족고유종교 선교仙教로 창교創教하시었다.

선교의 역사는 환인하느님께서 홀로 신으로 화하시어 천지를창조天地創造 하신 후, 환국桓國을 열으시어 이 땅에 한민족의 뿌리를 내려주시었으니 인류의 시원과 함께 하는 일 만년의 유구한 역사를 가지고 있다.

환인상제께서는 환국시대 이후, 인간이 점차 하늘의 도리天道를 잃어버리고 세상이 극도로 혼탁하여지므로 환웅천왕桓雄天王을 세상에 내려 보내시어 인간세상을 교화教化하게 하시었으니, 환웅은 하늘의 도리를 이 땅에 펼치고자, 신시배달국神市倍達國을 세우고 개천開天하여 하늘에 계신 아버지 환인하느님 섬기는 것을 백성들에게 몸소 보이시어 하늘을 신앙信仰하도록 솔선率先하시었다.

즉 환웅천왕은 신시개천神市開天하시고, 환인하느님이 계신 하늘을 섬기는 제천의식祭天儀式을 행하여 하늘을 숭배하는 봉선封禪을 통하여 선교신앙仙教信仰을 계승하시었다. 이러한 환웅천왕의 개천開天과 제천祭天의 신앙은 신시배달국의 전통을 이어받은 고조선·삼국시대·고려·조선에 이어 지금의 대한민국에 이르러 한민족고유종교 선교仙教로 부활함으로써 한민족 일 만년의 역사와 그 흐름을 함께 하게 되었다.

그러나 이러한 우리 민족의 오랜 신앙, 선교仙教가 한민족 고유신앙으로 자리하지 못하고 종교적 정체성을 상실하게 된 것은 정치권력에 의한 의도적 지위비하와 중국과의 오랜 외교관계

에 있어서 사대모화사상事大慕華思想에 빠진 지식층의 집권적 탐욕
과 사상적 오류에 기인하는 바가 크다. 근세 이후 급속한 외래
문명의 수입에서 생겨난 무분별한 서양종교의 난입으로 나랏님
들 조차 외래종교를 신봉하며 하늘을 저버리고 국속國俗을 무시
하는 불경不敬을 행하기 때문이다.

선교仙教가 부활되기까지 우리의 현실은 한민족의 고대신앙
古代信仰을 미신迷信 · 신화神話 · 가설假設 · 고대의 미개한 유물로
취급하고 있었으니, 한민족의 근원을 알지 못하고 주체사상을
상실한 채 외래종교에 빠진 어리석음에서 비롯된 것이다.

이에 환인하느님께서는 온 세상을 바로잡고 모든 생명을 구원할
조화본령造化本領을 이 땅에 내리시니 그것이 바로 환기 9194년
정축년丁丑年 귀원일체환시시歸元一體還始時 환인하느님의 계시
로 계원창교啓元創教된 "선교仙教"이다.

"귀원일체환시시歸元一體還始時"란, 일체의 생명을 가진 모든 것과
생명을 가지지 않은 생무생生無生 모두가 환인하느님께서 천지

창조를 이루시고 이 땅에 하늘의 세상을 열으신 태초太初의
시간, "근원으로 회귀하는 정회正回 의 때"를 일컫는 말이다.

원시반본元始返本 복본複本은 이와 유사한 말이며, 선교에서는
생무생 일체가 근원으로 정회하는 때라는 의미로 선교仙教의
계원창교啓元創教 시기를 귀원일체환시시歸元一體還始時라 하고,
선교신앙으로 교화하여 근원으로의 회귀를 계도啓導하는 것이
선교의 창교종리創教宗理 이다.

1997년 정축년에 계원창교啓元創教된 선교仙教는 우리 한민족은
환인하느님의 직계자손인 천손민족天孫民族임을 널리 알리고,
환인하느님의 교화教化로써 접화군생接化群生하여 포덕교화하여,
"환인상제가 한민족의 하느님이시며, 선교가 한민족의 고유
종교임을 찾아 부르고 자신하여 부르며 전하여 부르게 하라"는
취정원사님의 교지教旨를 실현하고 있다.

선교창교 一闋

환인 桓因

환인

桓因

환인은 누구이신가

환인은 한민족의 시조이시다.

환인桓因은 환웅桓雄·단군檀君의 상고대上古代에 해당하는 환인
시대桓因時代 환국桓國을 열으신 상천上天 궁극위窮極位 최고신
最高神 으로써 우리 한민족韓民族의 시조始祖이시다.

환인시대는 빈 우주에 공간空間의 체용體用이 이루어지고,
생무생生無生의 개체個體가 존위尊位의 이리以理를 갖게 되었다.
환인하느님桓因上帝께서는 이 땅에 사람으로서의 생명이 규율規律
과 법제法制를 가지고 살아가게 된 제일 처음나라, 환국桓國 을
열어 사람과 생무생의 개체가 조화를 이루며 살아가게 하시었다.

환인시대桓因時代를 엄밀히 나누어보자면 환국桓國 이전以前, 질서의 회정 없이 무중지력으로 류류하던 때를 하무르下闊國時代 라 일컬으며, 만군생萬群生이 하늘의 정精을 가지고 본성本性을 형성한 후, 하늘의 이치를 본받아 벼리를 세워 살아가게 하신 때를 환국桓國이라 한다.

태고적부터 우리 한민족을 보우하시고 이끌어주신 하느님이 반드시 존재하시니, 그 분이 바로 환인桓因이시다. 환인께서는 상제上帝·천제天帝·천주天主·밝님·한님·한울님·하느님 등으로 불리시며, 한민족 일 만년 역사 속에 언제나 함께 하시었다.

환인桓因은 우리민족의 시조始祖이시며, 환인하느님의 나라 환국桓國은 한국韓國이고, 밝달환국은 큰 밝음의 나라, 위대한 빛의 나라 배달한국倍達韓國이며 대한민국大韓民國 이다.

환인은 온 세상의 하느님이시다.
재단법인 선교의 경전 『仙敎典』 仙敎桓因爇父會 相往者 著. 1997 保錄 의 내용을 살펴보면 다음과 같다.

한민족의 시조이신 환인桓因께서 우주 만물을 창조하신 창조주
創造主이시며, 온 세상의 하느님임을 밝히는 내용이다.

天地羣化因位狀生 弘與道變上宣追理 桓因懋造時易發生
限無泮著綱祉壽受 宇宙粹辨勃坤乾事 卍究隨路闓聯成社
創回卍必隨性ㅣ可 森羅萬象造化本領
　　　[仙敎典] 紀原史 _仙敎桓因爇父會 相往者著. 1997 保錄

우리 민족의 시조이신 환인하느님께서 홀로 신으로 화하신 그
이치로써 세상만물을 창조하시고, 상천上天 궁극위窮極位 조화
본령造化本領이신 자신의 형상과 같이 사람을 만드셨으니, 사람
의 몸은 신의 형상을 닮고, 생로병사의 조화는 만물의 생성소멸
의 이치와 다르지 않으며, 세상은 하늘의 이치와 다를 바 없이
운행되는 것이다.

환인하느님은 하늘·한울·한얼·하느님으로 불리시며 천지간
모든 생명을 이롭게 하시고, 생무생生無生 만군상萬群像을 조화
롭게 하시었다.

한민족韓民族은 생로병사生老病死 희노애락喜怒哀樂 모든 순간에 마음 깊은 곳에서 "하느님"을 부르며 환인하느님을 신앙하였다.

환인하느님께서 인간을 비롯한 삼라만상이 상생相生하고, 인간 세상의 도리가 하늘의 이치와 다르지 않게 순리를 따르도록 가르치셨으니, 이것이 천리순도天理順道이다.

우리 한민족은 환인하느님의 직계혈손 "천손민족天孫民族"이며, 우리 한민족은 인류의 "시원족始原族"이다.

"하느님"을 "아버지"라고 부르는 것은 우리 민족만의 독특한 신칭神稱이다. 이러한 직계형直系形 신칭은, 하느님과 혈연관계血緣關係에 있는 우리 한민족韓民族만이 사용할 수 있는 것이며, 하늘의 아버지 천부天父와 땅의 어머니 지모地母를 섬기는 우리 민족의 천부지모天父地母 고유신관固有神觀에서 비롯된 것이다.

일 만년 한민족 역사 속에서 환인하느님을 섬기며 환인하느님을 찾아 부르지 않았던 적은 한 번도 없다.

우리는 늘 상, 하느님이 보우하사..를 마음에 간직하여 믿었으며, 흉사에 있어서도 하느님 맙소사..를 잊은 적이 없다. 하늘이 정한 대로 천륜天倫을 중하게 여기고, 천도天道에 순응해 하늘의 뜻에 어긋남이 없이 살아가기를 소원하였다.

그러나 외래종교가 난입하여 한민족의 정기를 훼손하는 작금의 이 시대를 돌이켜보자. 일 만년 역사의 하느님 신앙이 살아있는 이 땅에 언제부터 서양의 야훼가 우리의 하느님 행세를 하고 있는가. 한민족의 가슴속에 타오르고 있는 하늘을 향한 믿음의 불길은 한민족의 하느님이신 환인상제를 향해 찬란하게 타오르는 것이 옳다.

하늘의 피를 이어받은 천손天孫이 서양 부족의 족보를 외우는 일에 신앙의 열정을 바치고 서양의 민족신을 위하여 기도하며 남의 조상을 나의 아버지로 착각하고 있음을 진심으로 회개하여야 한다. 그래도 예수를 믿어야 한다면 "하느님"이라는 호칭을 쓰지 말라. "하느님아버지"라는 호칭은 한민족의 하느님을 칭하는 고유한 신칭이기 때문이다.

한민족 일만년 역사 속의 환인

고려 충렬왕. 승려 일연의 [삼국유사] 三國遺事

古記云 昔有桓因 謂帝釋也 庶子桓雄 數意天下 貪求人世 父知子意 下視三危太白 可以弘益人間乃受天符印三箇 遣往理之..

고기古記에서 말하기를, 옛날 환인 – 제석을 말한다 – 의 서자 환웅이 자주 천하에 뜻을 두고 인간 세상을 욕심내었다. 아버지가 아들의 뜻을 알고는 삼위태백을 내려다보니 가히 인간을 이롭게 할만한지라, 이에 천부인 3개를 주어 가서 다스리게 하였다.

1911년. 계연수가 저술한 [환단고기] 桓檀古記

吾桓建國最古　有一神在斯白力之天爲獨化之神　光明照宇宙 權化生萬物　長生久視恒得快 樂乘遊至氣妙契自然　無形而見 無爲而作無言而行　日降童女童男八百於黑水白山之地於是桓 因亦以監群居于天界　捨石發火始敎熟食　謂之桓國是謂天帝 桓因氏亦稱安巴堅也傳七世年代不可考也

우리 환桓의 건국은 아주 오랜 옛날이었는데, 한 신神이 있어 사백력의 하늘에서 홀로 신으로 화하시니 밝은 빛은 온 우주를 비추고 큰 교화는 만물을 낳았다. 오래 오래 살면서 늘 기쁘고 즐거우니 지극한 기를 타고 노닐고 그 묘함은 천지자연과 오묘하게 부합되었다. 형상이 없으나 존재하시고 행함이 없으나 모두 이루시며 말씀이 없으시나 모두 행하셨다. 어느 날인가 동녀동남 800이 흑수백산의 땅에 내려왔는데, 환인 역시 감군으로서 천계에 계시면서 돌을 쳐 불을 일으켜서 날 음식을 익혀 먹는 법을 처음으로 가르치셨다. 이를 환국이라 하고 그를 가리켜 천체환인이라고 불렀다. 또한 안파견이라고도 했다. 환인은 7세를 전했는데, 그 연대는 알 수가 없다.

[환단고기]에 언급되고 있는 '이 세상에서 가장 오래된 옛날'은 태역太易의 시대, 무극無極의 시대를 뜻한다.

'홀로 신으로 화하시었다, 밝은 빛이 온 우주를 밝히고 큰 교화는 만물을 낳았다'는 기록은 환인하느님께서 홀로 신으로 화하심으로써 천지개벽이 이루어지고 환인하느님의 조화로 만물을 교화하시었다는 말이다.

환인하느님을 환인천제·안파견이라고도 한다는 기록들은 환인桓因을 칭하기를 "환인하느님"·"하느님아버지"로 불렀다는 말이다.

조선 숙종. 북애자가 저술한 [규원사화] 揆園史話

太古陰陽未分洪久閉　天地混沌神鬼愁慘　日月星辰堆雜無倫
壤海渾瀜生無跡　宇宙只是黑暗大塊　水火相不留刹那　如是者
已數百萬年矣　上界却有一大主神　曰桓因　有統治　全世界之
無量智能　而不現其形體　坐於最上之天　其所居數萬里　恒時大
放光明　麾下更有無數小神　桓者卽光明也　象其體也　因者本源
也　萬物之藉以生者也

태고에 음과 양이 아직 나누어지지 않은 채 아주 흐릿하게 오랫동
안 닫혀 있으니, 하늘과 땅은 혼돈하였고 신과 도깨비들은 근심하
고 슬퍼하였으며, 해와 달 그리고 별들은 난잡하게 쌓여 질서가 없
었고 흙과 바다는 뒤섞여 있어 뭇 생명의 자취는 아직 존재하지 않
음에, 우주는 단지 커다란 암흑 덩어리일 뿐이고 물과 불은 잠시도
쉬지 않고 서로 움쩍 이는지라, 이와 같은지가 벌써 수백만 년이나
되었다. 하늘에 무릇 한 분의 큰 주신主神이 있었으니 이름 하여
환인桓因이라 하는데, 전 세계를 통치하는 가없는 지혜와 능력을 지
니고서, 그 모습은 나투지 않고 하늘의 가장 높은 곳에 자리하고 있
으며, 그 거처하는 곳은 수만 리나 떨어져 있지만 언제나 밝은 빛을
크게 내뿜고, 그 아래로는 또한 수많은 작은 신들이 있었다. '환桓'이
라 함은 밝은 빛을 말하는 것이니 곧 근본 바탕을 모양으로 나타낸
것이며, '인因'이라 함은 말미암은 바를 말하는 것이니 곧 만물이 이
로 말미암아 생겨났음을 나타낸 것이다.

환인桓因과 환인桓仁

환인桓因과 환인桓仁은 시대적 존재지위가 다름을 이해할 필요가 있다. 우리가 하느님으로 섬기는 환인상제桓因上帝께서는 상천궁극위上天窮極位 최고신最高神이시며 천제天帝이시며, 환인 – 환웅 – 단군 으로 이어지는 계보系譜에 있어서의 환인은 어질 인仁 자字를 쓰는 환인桓仁이시다.

즉 환인상제桓因上帝께서는 태초太初에 세상만물을 창조하시고 스스로 우주의 원리로써 존재하시는 조화본령造化本令이요, 환인桓仁은 그러한 환인상제의 교시敎示를 이어 이 땅에 환국桓國을 세우신 분이다.

『부도지』는 잃어버린 우리민족의 상고사上古史를 증명하는 중요한 문헌이다. 그러나 부도지에서는 우리 한민족의 시조이신 환인상제桓因上帝께서 창조주 하느님이라는 신관神觀을 찾아볼 수 없다. 우리 민족의 하느님을 되찾는 일에는 부도지의 역사관을 초월한 조금 더 깊고 넓은 고찰이 필요하다.

즉 [부도지]에 의해 마고 - 황궁씨 - 유인씨 - 환인씨 - 환웅씨
- 임검씨의 계보를 설정하여 환인상제桓因上帝의 지위를 끌어내
리는 오류를 범하는 것은 인할 '因'을 쓰는 환인상제桓因上帝와
어질 '仁'을 쓰는 환인桓仁을 혼동 또는 동일시하는 것에서
기인한 바가 크다. 주체사상을 확립하여 고찰한다면 "桓因"과
"桓仁"을 구별하여 설명하는 것이 옳다는 것을 알게 되며 이런
오류가 명확히 바로잡히게 될 것이다.

환인을 "桓因"이라 기록한 사서와 "桓仁"이라 기록한 사서의
내용을 비교해서 살펴보면 그 차이가 명확하다. 환인을 '桓因'
이라 기록할 때는 "상제上帝 · 천제天帝 · 제석帝釋" 등의 용어를
함께 쓰고 있으므로 이는 환인桓因을 창조주 하느님이라 정확하
게 인식하고 있었다는 것을 증명한다.

한민족고유종교 선교仙教에서는 환인상제桓因上帝를 하느님으로
섬기며 환인桓仁 환웅桓雄 단군檀君을 삼성三聖 으로 숭배한다.

환인 一関

옴

옴

옴

 선교의 종표

은 선교仙敎의 종표宗標로써 우리말로 "옴"이라 읽는다.
하늘과 땅과 사람이 하나 된 문양으로 천지인합일사상天地人合一
思想을 표현하고 있다.

환인하느님桓因上帝께서 귀원일체환시시歸元一體還始時에 선교
환인집부회仙敎桓因執父會 취정원사聚正元師 시정원주時正原主
상왕자相往者에 선교창교仙敎創敎를 계시啓示하시고 선교의 종표
宗標를 내리시니 바로 "옴"이다.

옴은 문양의 원리나 한글의 원리 모두 천지인합일天地人合一과 우주의 근원적根源的 진리眞理를 의미하며 환인하느님의 천지창조 교화의리敎化義理와 선교의 창교종리創敎宗理가 담겨져 있다.

"옴"에 관한 내용은 한민족고유종교 선교의 경전 [仙敎典]에 수록되어 있으며 본서에 옮겨 실어 대중의 이해를 돕고자 하였다.

🕉 옴의 종리宗理

🕉 은 '옴'이며 선교仙敎의 종표宗標이다.

🕉 은 '환인桓因'의 상징이며 천지창조원리創造原理이다.

🕉 은 사람의 형상形象이고, 천지인天地人의 모습이며,

　　천지인天地人이 합일合一된 모습이다.

🕉 은 천지인이 하나에서 나와 다시 하나로 돌아감을 의미한다.

🕉 은 우주宇宙 본래本來의 모습本形이고, 만물萬物의 본질本質을

　　형상화形象化 한 것이다.

🛐 은 선교의 종표로써 환인하느님께서 천지를 창조하신 창조원리요, 귀원일체환시시歸元一體還始時의 선교 창교종리創敎宗理와 천지인합일天地人合一의 선교 수행의리修行義理, 인류구원의 선교 포덕교화의리布德敎化義理를 내포한다.

환인상제께서 세상을 창조하신 창조원리가 바로 우주의 운행원리이며, 귀원일체환시시에 창교된 선교 창교종리는 삼라만상의 벼리가 되었다.

하늘과 땅과 사람이 하나 되어 정회하는 선교 수행의리는 만중생을 구원할 교화의리로 펼쳐지니 환인하느님의 하늘세상이 이 땅에서 이루어지는 "옴"의 이상세계 구현, 환인시대의 부활과 다름 아니다.

'옴'은 한민족의 종교·사상·철학·정치·문화 모든 분야에 걸쳐 원론적原論的 근본根本이 되었다. 천부경天符經 여든한자八十一字의 원리原理가 바로 '옴'에서 나왔으며, 한민족韓民族의 삼일철학三一哲學 또한 '옴'에서 비롯되었다.

⬚의 구성학적構成學的 의미

_ 형태적形態的 의미意味

$$ ⬚ = ● + \sim + 32 + ○ $$

천지인합일	하늘	땅	사람	합일
天地人合一	天	地	人	合一

⬚ 은 하늘과 땅과 사람이 하나 됨을 의미한다.

⬚ 은 천지인합일 · 천지인일체를 의미한다.

⬚ 은 알 · 얼 · 아르 · 한 · 환 · 한알 · 한얼 · 한울 · 하늘 등으로 불리는 환인하느님의 형상학적形相學的 구성요소를 합하여 놓은 모양이다.

天

天 - 하늘

환인상제桓因上帝를 뜻한다. 환인桓因상제의 상징인 태양이며, 동시에 우주·하늘을 상징한다. 삼라만상森羅萬象의 씨앗이며, 천지만물天地萬物을 생겨나게 한 우주알宇宙卵이다. 또한 우리 몸에 내리신 환인상제의 씨앗인 '한 알' 의 모습이다.

[三一神誥] 에서 이르기를 "自性求子 降在爾腦. 스스로의 성품에서 하느님의 씨앗 子을 찾으라, 너희의 머릿골에 내려와 계시느니라."고 하였다.

을 사람의 모습이라고 볼 때 ●은 사람의 머리에 해당하니 ●은 머리이며 동시에 환인桓因의 씨앗 '한 알'인 것이다.

씨앗·근본을 의미하는 "囡"은 口와 大로 이루어졌는데, 大
는 神을 의미한다. 즉 사람의 몸과 정신에 환인하느님의 씨앗
이 들어있다는 것은 인내천人乃天 과 같은 의미이다.

우리 머리에 환인하느님의 씨앗인 '한 알' (한알님·한얼님·
한울님·하늘님)이 임하시고, 한 알의 기운이 우리 몸에 어리어
'한 얼'이 되고, 환인桓囡께서 우리에게 생명의 기운을 불어
넣으시니 '한 올'의 숨결이 생긴다.

환인상제桓囡上帝의 기운이 우주 공간을 끝없이 둘러싸서 품으
시니 '한 울'(하눌·하늘) 이 되고, 환인님이 둘러싸서 품으신
'울' 안에서 함께 사는 사람들은 '우리' 가 된다.

그러므로 '알·얼·올·울' 은 모두 같은 근원인 ● 에서 나온
말이다.

고대古代 우리나라의 왕들은 '알에서 태어났다'고 한다. 여기서'
알' 은 ●을 말하는 것으로써 스스로가 '한 알' 즉 하늘,

환인하느님桓因上帝의 아들임을 나타내 보임으로써 '하늘의 뜻
을 받아 나라를 세웠음'을 강조하고자 한 것이다. '하늘의 아들'
이란 곧 '천자天子'를 말하는 것이니, 일찍이 한漢나라의 채옹
蔡邕은 "天子之呼稱 始於東夷. 천자의 호칭은 동이東夷에게서
비롯된 것이다"라고 하였다.

천자天子는 천제天帝의 직계손直系孫을 말하고 동이는 한민족을
뜻하므로 천손天孫의 족보族譜가 한민족에게 계승됨을 의미한다.

天● 은 선교수행 의미로, '환인桓因의 빛'·'한 알의 얼'을 받아
승선의 머릿골을 다시 밝히라는 뜻이다.

地 - 땅

땅을 뜻한다. 동시에 시간時間과 공간空間을 의미한다.
세상만물은 시간과 공간을 기반으로 존재한다.

환인상제께서 만물을 창조創造하시니, 땅은 그 뜻을 받들어 만
물을 존재存在하게 하는 것이다.

지地가 직선이 아니고 곡선으로 태극太極의 형상形象을 한 것은,
천체天體의 형상에 근거한 것이며 만물萬物이 태극太極에서 나왔
다는 뜻이다.

또한 시간時間과 공간空間이 고정固定된 것이 아니고 끊임없이
변화하는 유동적流動的인 까닭이며, 삼라만상森羅萬象이 고정된
상想이 없이 항시恒時 변화하고 있음을 나타낸다.

地 ⌣ 는 선교수행 의미로, 일체무상심一切無想心을 뜻한다.
땅地은 환인하느님의 천지창조의 의리가 기氣로 화化하고, 형形
으로 변變하여, 물질物質로 생生 한, 시공時空의 정축正軸을 의미
한다.

人
乙

人 – 사람

사람을 뜻한다. 환인하느님의 하늘 아래 사는 생명들, 삼라만상의 개아적個我的 존재를 말한다. 즉 사람으로 대표되는 천지天地의 만물萬物을 상징象徵한다. 또한 남녀男女, 음양陰陽이며, 천지天地의 모든 상대적相對的 존재存在를 의미한다.

환인상제는 음양의 조화본령造化本靈으로 홀로 존재하시는 절대자絕對者이시며, 사람을 비롯한 천지만물은 홀로 존재하지 못하는 상대적相對的인 존재들이다.

상대적인 존재는 타자他者를 통해서 자신自身의 존재를 드러낼 수 있기에, 타자가 없다면 나 또한 존재하지 못한다. 그러므로 상대적인 존재인 인간과 만물은 서로를 아끼고 사랑하며 상생相生 해야 하는 것이다.

人 **ろㄴ** 은 선교수행 의미로, 위로는 하늘을 받들고, 땅을 섬기며 사람과 만물은 서로를 아끼고 사랑하라는 경천애인敬天愛人의 뜻이다. 천지인합일天地人合一, 천지인일체天地人一體는 선교 신앙이 구현해 나갈 궁극의 이념이다.

선교의 수행선제는 천지인합일 승선昇仙의 도道를 이루는 것을 목표로 정진한다. 그로써 만법의 근원으로 돌아간다.

空 – 합일

합일·하나·허공·황극 을 뜻한다. 천지인天地人을 비롯한 천하만물天下萬物을 담는 '틀機'이며, '한 울'이다. ●이 인격적人格的 하늘인 환인桓因님을 뜻한다면, ○ 은 공간적空間的이고 시간적時間的 하늘을 의미한다.

공空 없이 존재할 수 있는 것은 아무것도 없으니, 사람의 몸도 공空이 간間을 허락하고 '틀'을 만들어 주기에 존재存在하는 것이다. 만약 그렇지 않다면 사람의 몸은 형체形體 없이 흩어져 버릴 것이다.

이와 같은 공空의 작용은 작게는 세포 하나하나에서, 크게는 우주 끝까지도 감싸주지 않는 것이 없으니, [삼일신고]에서 "하늘은 형形과 질質이 없으며 단端과 예倪도 없으며, 위아래와 사방도 없고 겉은 황하고 속은 텅하여 있지 않은 데가 없으며, 싸지 않은 것이 없다."고 한 것이 바로 이것이다.

○은 환인桓因의 '한 울' 안에서 모두가 '하나'라는 뜻이다. 선교수행 의미로, 선외없이 포덕교화하여 환인하느님께 귀의歸依하는 근원根源으로의 정회正回를 의미한다.

_ 🕉 의 순차적順次的 의미意味

태초에 스스로 하늘이 생겨나시니

땅에는 하늘의 빛으로 가득하였다.

이에 사람이 생겨나게 하시니

천지인일체 천지조화가 이루어졌도다.

환인하느님桓因上帝의 빛 '한 알'이 승선昇仙의 머릿골에 내려 '얼'을 되찾으니 사람의 본래 신성神性이 회복되는지라. 일체무상심一切無想心 으로 승선昇仙의 도道를 깨닫고, 천지만물에 환인하느님의 빛을 전하여 천리순도天理順道에 따라 정회正回토록 한다.

은 태역太易·태초太初·태시太始·태소太素의 형이상학적形而上學的 형상체계形象體系인 무극無極·태극太極·황극皇極을 나타낸 "환역도형桓易圖形"으로 우주宇宙의 순환원리順還原理를 표현하고 있다.

🕉 은 선교의 종표宗標이자 환역도형桓易圖形으로 천지인합일天地人合一 선교신앙仙敎信仰의 궁극적 목표를 상징한다.

_ 🕉 구조에 따른 천지만물의 생성원리

지구상의 모든 생명체는 단세포單細胞에서 시작하여 점점 다양한 형태로 진화하여 갔다. 그 원리는 단세포가 합쳐져 다세포多細胞를 만들고, 다세포 끼리 다시 합쳐져 더 복잡한 세포 구조를 이루는 방식이다.

🕉 은 이러한 천지만물天地萬物의 생성원리生成原理를 담고 있다. 🕉 의 ●을 확대하면 🕉 이 된다. 확대된 🕉 의 ●을 다시 확대해도 역시 🕉 이다.

🕉을 축소하면 ●이 되어 더 큰 🕉의 일부가 되고, 더 큰 🕉을 축소해도 다시 ●이 되니, 미시세계微視世界에서 거시세계巨視 世界까지 모두가 "옴"의 원리로 이루어져 있다.

천지만물 모든 존재의리에는 환인桓因의 '한 알'이 존재하며 '한 알'은 '한 얼'로 작용하여 하늘과 땅과 사람이 합일되는 바, 이것이 바로 "옴"이다.

_ 🕉 과'옴'의 형태비교

🕉은 '옴' 이라고 발음하며 한글 '옴' 字와 동일한 구조이다. 한글 '옴' 은 "ㅇ·ㅗ·ㅁ" 의 자음·모음 구조로 되어있으며, 天(ㅇ)·地(ㅁ)·人(ㅗ) 을 상징하며 글자 자체가 천지인天地人 이 합일合一된 형태이다.

🕉 이 천지인天地人의 순차적順次的 생성원리生成原理라면, 한글 '옴'은 천인지天人地의 존재원리存在原理라고 할 수 있다.

즉 선교의 종표 ㉞은 그 형태만으로도 진리의 문자요, 삼라만상
森羅萬象 일체一體의 "생성生成·소멸消滅·화합和合"과 "창조創造·
파괴破壞·보존保存"이라는 삼위일체三位一體의 성격을 갖는다.

● 　天父　하늘이 처음 생기고

⌣　地母　땅이 생겼으며

㉞　人我　사람이 생겨났다.

○　天父　하늘을 상징한다. 천원지방天圓地方의 원圓 이다.

ㄴ　人我　사람의 모양이다. 원방각圓方角의 각角에 해당한다.

ㅁ　地母　땅의 모양이다. 천원지방天圓地方의 방方 이다.

㉞의 언어학적言語學的 의미

㉞　한민족 가림토문자 이전의 상고문자上古文字

옴　순 우리말 한국고유어

일반적으로 '옴'은 인도印度 최고의 진언眞言으로 알려져 있기에, '옴'이 인도어 산스크리트어Sanskrit語나 팔리어Pali語라고 생각하기 쉽다.

그러나 '옴'은 순수한 우리말이다. 우리 민족에겐 한글 이전, 가림토문자가 있었으며 그 전에도 상고대문자上古代文字가 존재했으니 대표적으로 한민족의 상고문자 '𑀐'은 '옴'과 어원과 형태, 의미가 동일하다.

[우파니샤드Upanisad]에 의하면 'Om'은 모든 소리의 근원이며, 과거·현재·미래에 모두 존재하고 시간을 초월하여 존재한다. 인도의 힌두사상Sindhu思想으로 보면 'Om'에 의해서 [베다Veda]가 존재하며, 베다의 모든 제례祭禮는 'Om'을 경배하기 위한 것이다. 'Om'은 허락許諾의 의미여서 '옴'을 섬기면 그 사람의 섬김대로 이루어진다고 믿는다.

결국 인도철학의 모든 것이 'Om'에 의해서 존재한다는 말이다. "베다Veda의 모든 제례가 '옴'을 경배하기 위해 있다"는 말은,

'Om'은 최고의 존재이며, 최고의 신神이라는 의미로 해석되어
지며, "Om을 섬기면 섬김대로 이루어진다"는 것은 'Om'이 곧
창조주創造主의 이름이라는 뜻이다.

또 "Om을 명상하는 사람은 태양빛과 하나 된다"고 하여, '옴'이
광명신光明神의 이름이라는 암시를 준다. 그래서인지 인도인들
의 모든 진언眞言과 기도祈禱의 처음과 끝은 언제나 '옴'이다.

결론적으로 인도의 종교와 철학의 뿌리는'Om'에 있다는 말인
데, '옴'은 순수한 우리말이므로 인도철학과 종교는 모두 우리
나라의 종교와 사상에서 파생되었음을 유추할 수 있는 것이다.

'옴'은 모든 소리의 근원이며, 모든 소리의 귀결처歸結處이다.

'옴'이라고 발음하여 보면, 입술 모양이 동그랗게 되어 '오 - '
소리로 시작하여, 입술이 뾰족하게 되며 입을 다물어 '옴'으로
끝나게 된다. '옴'은 모든 소리를 한 점으로 되돌리는 소리이니
'옴'보다 더 소리를 더 집약할 수 있는 발음은 없다.

또, 사람이 가장 원초적으로 내는 소리는 '아' 이다. 입을 다물고 있다가 벌리며 소리를 내면 누구나 '아' 소리가 나온다. 그래서 '아' 는 감탄사로서 갑작스런 고통이나 놀라게 되었을 때의 비명소리도 '아' 가 된다. '옴' 과 '아' 를 연이어 발음하면 '오마' '옴마'가 된다. 정리하여 보면, 모든 소리의 근원인 '옴'과 인간의 발음구조상 가장 처음 나오는 원초적 소리인 '아' 가 합해진 것이 우리말 '엄마' 라는 것이다.

어머니·오마니는 '옴 + 마니 '로 볼 수 있다. '옴마니반메훔 ॐ मणि पद्मे हूँ ' 의 옴마니 또한 '내 존재의 근원' 이라는 동일한 의미를 갖는다.

일반적으로 인도 'ॐ' 의 발음은 AUM(옴)으로, A는 창조의 신 브라흐마, U는 유지의 신 비슈누, M은 파괴의 신 쉬바를 의미하는 삼신체계三神體系를 갖추게 되는데, 이 또한 '옴' 과 함께 우리의 '삼신사상三神思想'이 전파된 결과이다.

선교의 종표 ⑨은 환인하느님의 모습을 형상화한 신성한 표식이며, 형태상으로는 천지인이 합일된 모습으로 우리민족 고유의 삼신일체사상三神一切思想을 나타낸다.

한국어가 세계 모든 언어의 모어母語임을 밝힐 단서가 되는 동시에 우리말 '옴'이 태초 삼라만상의 존재의리存在義理이며 만물의 창조원리創造原理임이 분명하다.

이에 선교의 종표 천지인합일天地人合一 의 진리眞理를 깨달아 한민족과 천하만민 모두를 진리의 세계로 인도하여 천도순리天道順理 정회正回의 세상으로 만들고자 염원해야 할 것이다.

옴 一閑

고대선교와 현대선교

고대선교와 현대선교

古代仙敎와 現代仙敎

선교仙敎는 한민족과 시원을 함께하는 한민족고유의 종교이다.

먼 옛날 하늘에서 신인이 처음 지상에 내려오실 때 하늘의 교화인 선교가 시작되었다. 태초에 인간에게 종교란 개념이 없던 시대부터 선교는 존재했다. 선교는 종교가 아니었으며 그러나 모든 종교는 선교에서 비롯되었다.

이에 선교를 모든 종교의 근원종根源宗이라 한다.

선교는 환인하느님의 교화敎化 그 자체이기에 환인의 나라 환국桓國, 환웅의 나라 배달국倍達國, 단군의 나라 고조선古朝鮮의 국교國敎이자 통치이념이었으며, 선교의 종맥은 삼한三韓을 지나

신라新羅의 화랑花郎으로 이어졌다. 화랑은 선교의 사제집단司祭集團이었다. 신라말기에 사욕에 물든 정치가들에 의해서 선교는 점차 불교에 흡수되거나 민속民俗으로 남게 되었다. 고대의 선교는 기실 신라 이후 뚜렷한 종교나 교화로써 나타나지 않으나, 한민족의 민속 중에 선교仙教 아닌 것이 없으니, 성황당의 돌무더기부터, 세시풍속의 모든 것이 선교의 유습遺習이라 하겠다.

한민족의 얼이 퇴색되고 단일민족의 기상이 상실되어가는 현대에 이르러 잃어버린 한민족의 상고사를 되찾고 환인하느님을 섬기는 선인仙人이 출현하시었으니, 삼라만상 생무생의 일체가 태초의 근원으로 돌아가는 귀원일체환시시歸元一體還始時에 다시 하늘이 열리고 하늘의 교화 선교仙教가 부활하였다.

_ **고대선교** 古代仙教

환인상제의 교화로 시작된 선교는 신시 배달국과 고조선의 국교였다.

단국대 고대사학자 윤내현 교수는 『고조선연구』 「제4장 고
조선의 문화와 과학 2) 고조선의 종교와 명칭에서」 "한국이나
중국의 옛 문헌에 고조선의 종교는 仙을 추구하는 것으로 나타
나 있다. 그래서 이를 수행하는 사람을 仙人이라 불렀던 것이
다. 따라서 선을 추구하는 길을 仙道라 했을 것이며 그 가르침
을 仙敎라 하였을 것이니 종교의 명칭으로는 선교仙敎라 함이
마땅할 것이다." 라고 하였다.

고조선의 종교는 선교仙敎이며 선교의 수행법인 선도仙道를 닦
는 사람을 선인仙人이라 하였다는 것이다. 고조선은 단군왕검이
통치하던 동북아시아의 가장 강력한 고대국가이다. 고대사회는
정치와 종교가 분리되지 않은 제정일치의 사회이고, 고조선을
통치한 단군은 정치와 종교의 지도자를 겸하고 있었다.

윤내현 교수가 『고조선연구』에서 "고대사회를 지배하는 가장
중요한 두 가지 요소는 종교와 무력이다.", "고대사회는 종교가
정치보다 위에 있었다."라고 하였듯이, 단군은 국가의 통치자
이전에 종교지도자 즉 선교의 지도자였다.

위에서 윤내현 교수는 "仙敎를 수행하는 사람을 仙人이라 불렀다."
라고 하였는데 실제 단군을 선인왕검仙人王儉이라 불렀다.

『三國史記』「高句麗本紀」에,
"왕이 丸都城이 난리를 치러 다시 도읍할 수 없게 되었으므로
평양성을 쌓고 종묘사직을 거기로 옮기었다. 평양은 본시 仙人
王儉의 宅이다."라는 기록이 있다.

고구려가 중국 위魏 나라의 침공을 받아 도읍을 환도성丸都城
에서 평양성平壤城으로 옮겼을 당시의 일이다. 이러한 기록을 보
아도 단군은 선인왕검으로도 불리었으며 선교仙敎를 신앙하며,
선도仙道를 닦는 선인仙人이었음을 알 수 있다.

고려 충숙왕12년(1325년)에 이숙기李叔琪가 쓴 사공司空 조연수
趙延壽의 묘지명墓誌銘의, "평양을 개창한 분 仙人王儉일세,
오늘에 이르러 그 遺民으로 司空이 계시다네, 평양군자 그분은
三韓보다 먼저인데 천 년 넘어 살았다니, 어쩌면 이와 같이
오래도 살았고 선 또한 닦았었나."

라는 기록 역시 단군檀君은 선인仙人이며 선도仙道를 닦아 장수하였다는 보편적 인식이 고려에 존재하였음을 증명한다.

삼국사기와 조연수의 묘지명을 통하여 단군이 선인이었음이 분명해 진다. 선인仙人은 위에서 살펴보았듯이 선교仙教를 신앙하며 선도仙道를 닦는 사람이다. 단군檀君이 선인왕검仙人王儉이라 불리었다는 것은 선인의 우두머리이며, 선교의 지도자라는 의미다. 종교적 의미로만 본다면 현대의 교황이나 종정宗正과 같은 지위다.

고조선은 환웅천왕의 신시배달국에 이어서 일어난 국가이다. 때문에 종교와 정치가 신시배달국과 다르지 않았을 것이니, 선교는 환웅천왕의 신시배달국에서 단군왕검의 고조선으로 이어졌음을 확언할 수 있다.

『檀君世紀』 「2세단군 부루」 條에서,
"신시이래도 하늘에 제사지낼 때마다 나라 안의 사람들이 크게 모여 함께 노래 부르고 큰 덕을 찬양하며 서로 화목을 다졌다."

라는 기록은 고조선이 환웅천왕이 세운 신시배달국의 종교적 전통을 그대로 이어가고 있음을 알 수 있게 한다. 또한 고조선이 신시배달국의 종교적 전통을 그대로 이어 받았다면 신시배달국의 종교 역시 선교仙敎였음이 확실하다.

『桓檀古記』「三聖記」에서,
"환웅천왕이 처음으로 몸소 하늘에 제사祭祀 지내고 백성을 낳아 교화敎化를 베풀고 천경天經과 신고神誥를 가르치시니 무리들이 잘 따르게 되었다.", "신시神市에 도읍을 세우시고 나라를 배달倍達이라 불렀다. 3·7일을 택하여 하느님天神에게 제사祭祀 지내고 문을 잠그고 주문을 외우며 수행하였다."라는 기록을 볼 때 환웅천왕 역시 단군과 마찬가지로 국가의 지도자이자 종교의 지도자로써 하늘을 섬기며 하늘의 뜻에 따라 백성들을 다스리고 있었음이 드러나고 있다.

또한 천경天經과 신고神誥가 있었다는 것은 신시배달국의 종교가 원시종교의 차원을 넘은 고차원의 종교적 의례儀禮와 경전經典이 있었음을 증거 하는 것이다.

『檀君世紀』에서,

　復神市舊規立都阿斯達建邦號朝鮮

"신시의 옛 규칙을 도로 찾고 도읍을 아사달에 정하여 나라를
세워 조선이라 이름 하였다." 하였으니, 고조선은 신시배달국의
법과 질서를 그대로 이어받았으며, 동일한 종교형식을 가졌음
이 분명하다.

신라의 화랑은 선교의 사제들이었다.

『삼국사기』「신라본기」新羅本紀 진흥왕조眞興王條에서, 최치원
선생의 『난랑비서』鸞郎碑序를 인용하여 다음과 같이 밝히고 있다.

　崔致遠 鸞郎碑序曰 國有玄妙之道 曰 風流說敎之源 備詳仙史
　實乃包含三敎 接化群生 且如入孝於家 出則忠於國 魯司寇
　之旨也 處無爲之事 行不言之敎 周柱史之宗也 諸惡莫作 諸
　善奉行 竺乾太子之化也

"나라에 현묘玄妙한 도道가 있으니 이것을 풍류風流라 한다. 풍류
風流의 교敎를 세운 근원은 선사仙史에 상세히 기록되었거니와,

삼교三教(儒·佛·道)를 내포하고 있으며, 모든 생명과 접하여 그들을 교화하였다. 또한 집에서는 부모에게 효도하고 나가서는 나라에 충성하니, 이는 노나라 사구 _공자孔子 즉 유교儒教의 가르침과 같고, 무위로 일삼아 거처하며 말없이 행하여 가르치는 것은 주나라 주사 _노자老子 즉 도교道教의 종지와 같으며, 악을 짓지 아니하고 선善을 받들어 행함을 축건태자 _석가釋迦 즉 불교佛教의 교화와 같다." 라고 하였다.

난랑鸞郎이라 함은 화랑花郎을 일컬음이다. 난랑이 "화랑의 이칭異稱이다 혹은 화랑 중 한 사람의 이름이다" 라는 이견이 있기는 하지만, 난랑이 화랑임에는 틀림이 없다.

최치원선생이 난랑비에 현묘지도 풍류에 대하여 상세히 언급한 것은 당시 화랑들이 현묘지도 풍류風流를 익혔기 때문으로 해석된다. 그리고 그 현묘지도에 관한 상세한 내막은 "선사仙史"에 실려 있었다.

김대문은 『花郎世紀』에서 다음과 같이 정의하고 있다.

花郎者仙徒也 我國 奉神宮 行大祭于天 如燕之桐山 魯之泰
山也…古者 仙徒以奉神爲主 國公列行之後 仙徒以道義相勉
於是 賢佐忠臣 從此而秀 良將勇卒 由是而生

"화랑은 선도仙徒다. 나라에서 하늘을 받들고 신궁神宮에 대제大
祭를 행하는 것은 마치 연의 동산에서 노의 태산에서 하던 것과
같다…중략… 옛날에는 신을 섬기는 것封神을 주로 하였는데,
국공들이 화랑의 무리에 들어온 후에는 선도는 도의를 서로 힘
썼다. 이에 어진 재상과 충성스러운 신하가 이로부터 빼어났고
훌륭한 장군과 용감한 병졸들이 이로부터 나왔다."

김유신, 김춘추, 관창, 사다함… 등, 화랑의 용맹과 충절을 증명
할 유명한 이들을 우리는 익히 알고 있다. 그리고 그 용맹한 장
수들은 화랑이 충성스러운 무사집단이라는 인식을 갖게 하였
다. 그런데 화랑이 주로 봉신封神 즉 신을 섬기는 일을 주로 하
였다는 것은 생소한 이야기다. 연의 동산과 노의 태산은 중국의
황제가 봉선封禪을 행하였던 고사를 말하는 것이다. 중국의 황
제들은 자신들의 권위가 하늘로부터 내려왔다는 것을 인정받기
위하여 봉선의식을 행하였다.

황제의 봉선封禪과 화랑의 봉신封神을 비교하였다는 것은 화랑이 하늘을 섬기는 종교의 사제집단으로써 천제天祭를 지냈음을 이야기하는 것이다.

그러하기에 최치원 선생이 난랑비서에서 현묘지도 풍류를 도道라고 표현하면서도 "그 교教를 세운 근원說教之源이 선사仙史에 상세히 나와 있다"라고 하여 종교적 의미를 부여하였으니, 이는 고운 최치원 선생이 현묘지도 풍류가 선교도仙教徒 즉 선도仙徒와 선인仙人들의 수행방법이었다는 것을 잘 알고 있었기 때문이다.

단재丹齋 신채호申采浩선생도 『東國古代仙教考』에서 "최고운의 난랑비서에서 이르기를 '우리나라에 현묘한 도가 있었으니, 선교風流가 그것이다 國有玄妙之道 仙教(風流)是已'라고 하였고, 또 이르기를 '이 교를 창설한 내력은 선사에 자세히 밝혀져 있다 設教之源 詳備於仙史'라고 하였다. 아, 슬프다. 만약 선사가 지금까지 전해오는 것이 있다면 민족 진화의 원리를 연구하는데 큰 재료가 될 뿐만 아니라, 동양 고대의 여러 나라에는 보통의 역사만 있고 종교·철학 등 전문사專門史는 없는데 유독 선사仙史는 우리나라만 가지고 있는 종교사宗敎史이므로 사학史學상 일대 광채를 낼 수 있었을 텐데, 애석하구나, 그 책이 지금까지 전해지지 못함이."

라고 하여 선사仙史가 종교사宗敎史였음을, 현묘지도玄妙之導 풍류風流가 선교仙敎임을 확신하며 선사仙史의 소실을 애석해 하였다.

태초에 하늘의 교화로 시작되어 환웅천왕의 신시배달국과 단군왕검의 고조선과 신라로 이어져 수 천 년을 한민족과 함께한 선교의 신앙대상은 누구인가!

선교의 신앙대상은 환인하느님桓因上帝이시다.

『三國遺事』 「古朝鮮條」는 다음과 같이 전한다.

古記云 昔有桓因 謂帝釋也 庶子桓雄 數意天下 貪求人世 父知
子意 下視三危太伯 可以弘益人間 乃授天符印三箇 遺往理之
雄率徒三千 降於太伯山頂 卽太伯今妙香山 神壇樹下

謂之神市是謂桓雄天王也　將風伯雨師雲師　而主穀主命主病
主刑主善惡　凡主人間三百六十餘事在世理化　時有一熊一虎
同穴而居　常祈于神雄　願化爲人　時神遺靈艾一炷蒜二十枚曰
爾輩食之　不見日光百日　更得人形　熊虎得而食之　忌三七日
熊得女身　虎不能忌　而不得人身　熊女者　無與爲婚　故　每於壇
樹下　呪願有孕　雄乃假化而婚之　孕生子　號曰壇君王儉

"고기古記에서 말하기를, 옛날 환인桓因 -제석을 말한다 의 서자
庶子 환웅桓雄이 자주 천하에 뜻을 두고 인간 세상을 구하고자
하였다. 아버지가 아들의 뜻을 알고 삼위태백三危太白을 내려다보니
가히 인간을 이롭게 할 만한지라, 이에 천부인天符印 3개를 주어
가서 다스리게 하였다. 환웅이 무리 삼천명을 거느리고 태백산
꼭대기 - 태백산은지금의 묘향산 - 신단수神檀樹 아래에 내려
와 이곳을 신시神市라 일컬으니 이분이 환웅천왕이다. 풍백風佰
·우사雨師·운사雲師를 거느리고 곡식·수명·질병·형벌·선악 등
인간 세상의 360여 가지 일을 주관하게 하여 세상을 다스리도
록 하였다. 때에 곰 한 마리와 호랑이 한 마리가 같은 굴에 살면
서 늘 신웅에게 사람이 되기를 빌었다.

이에 신웅이 신령한 쑥 한 심지와 마늘 스무 줄을 주며 "너희가 이것을 먹고 백일동안 햇빛을 보지 않으면 다시 사람이 될 것이다"하였다. 곰과 범은 이것을 받아서 먹었다. 곰은 삼칠일을 기하여 사람이 되었으나, 범은 기하지 못하여 사람이 되지 못하였다. 여자가 된 곰은 더불어 혼인할 상대가 없는 고로 매일 신단 아래에서 아이 갖기를 빌었다. 환웅이 잠시 사람의 몸을 빌어 혼인하여 아이를 낳으니 그를 단군왕검壇君王儉이라 한다."

단군왕검의 계보를 거슬러 올라가면 환웅천왕을 거쳐 환인상제桓因上帝에 이르게 되는 것이다. 이와 유사한 기록이 『帝王韻紀』에도 기록된 것을 보면 이러한 인식은 고려시대의 보편적인 것이었음을 알 수 있다. 삼국유사에서는 환인을 제석이라 표현하였는데 제석은 33천을 다스리는 하늘의 제왕 제석천을 말하는 것으로, 이는 불교승려의 입장에서 하느님을 나타낸 표현이다. 『帝王韻紀』에서도 "석제의 손자 단군(釋帝之孫名檀君)"이라 표현하였으며, 주석에는 "상제환인에게 서자 웅이 있었다. (上帝桓因有庶子曰雄)"라고 하여 환인이 하느님(上帝)이라는 뜻을 더욱 명확히 하고 있다.

삼국유사의 저자 일연은 불교승려이며, 제왕운기의 저자 이승
휴는 유가의 선비이다. 종교적 사회적 신분이 전혀 다른 두 사
람이 "환인은 하느님이다."라는 공통적인 견해를 가지고 있었
다는 것은 당시의 고려사회에 있어 환인이라는 명칭이 하느님
을 의미하고 있었음을 시사하는 것이다.

『檀君世紀』「6세단군 달문」條, "아침 해를 먼저 받는 동녘
의 땅에 삼신께서 밝히 세상에 임하셨네, 환인께서 먼저 모습을
드러내시고 덕을 심으시니 넓고 깊게 하시니라." 와 『檀君世紀』
「2세단군 부루」條의 "신시이래도 하늘에 제사지낼 때마다
나라 안의 사람들이 크게 모여 함께 노래 부르고 큰 덕을 찬양
하며 서로 화목을 다졌다." 라는 기록을 연관 지어 생각해 보면,
고조선의 종교는 신시배달국의 선교仙教를 그대로 이어 받은 것
이며 그 신앙대상은 환인하느님桓因上帝 이었음을 분명하게 알
게 된다.

선교仙教는 환인하느님桓因上帝의 교화教化로 시작되어 신시배달
국과 고조선을 거쳐 신라로 이어져 왔음이 분명하다.

신라의 화랑으로 꽃을 피웠던 선교는, 화랑세기에서 밝혔듯이 국공(왕족과 귀족)들이 화랑으로 들어온 뒤로 점차 봉신封神을 멀리하고 도의道義에 힘쓰게 되었다.

화랑들이 봉신封神, 즉 하늘을 섬기는 종교의식을 멀리 하게 되었다 함은 신권과 왕권의 분리를 뜻하는 것이며 동시에 신권보다 왕권이 더욱 강화되었다는 의미이다.

하늘의 뜻天道을 따라 나라를 다스리던 국가의 지도자가 점차 스스로의 뜻만으로 나라를 다스리기 시작한 것이다. 사욕없이 오직 하늘의 뜻만을 전하는 선인仙人의 존재가 권력자에게 반가운 존재는 아니었을 것이다. 불교가 수입되고 신라 후대로 가면서 신라왕실이 선인을 멀리하고 점차 불교로 쏠리게 되면서, 선교는 불교로 흡수되거나 민간신앙으로 전락하여 그 명맥을 유지하였고 그에 따라 신국의 위엄도 스러져갔다.

이후 고려와 조선을 거치면서 선교의 발자취는 사라졌다. 하늘 민족인 한민족이 하늘의 뜻을 저버리고 살았던 고려와 조선,

천년에 이르는 두 왕조의 시대는 하늘의 교화이며 민족정신의 뿌리인 선교를 잃어버리고 타국의 속국으로 살았으며 끊임없는 전쟁과 수탈로 백성들을 고통에 허덕이게 되었다. 이런 중에 외래종교를 신봉하는 백성들이 생겨나기 시작하고 점차 그 세력이 확대되어 한민족의 고유종교는 미신으로 치부되고 민족의 얼은 찾을 길이 없게 되었다.

환인하느님의 교화를 잃어버린 대한민국은 주체사상과 정체성을 상실한 채 분단과 혼란의 시대를 살게 된 것이다.

_ 현대선교 現代仙敎

선교는 귀원일체환시시에 종교로써 창교되었다.

귀원일체환시시歸元一體還始時, 생무생 삼라만상이 근원으로 회귀를 시작하는 정회正回의 시기를 맞아 환인하느님께서 이 땅의 백성을 긍휼히 여기시어 다시 한 번 하늘의 교화를 내리시니,

환기9194년(서기1997년) 환인상제의 계훈啓訓을 받은 선교
환인집부회仙敎桓因爇父會 상왕자相往者, 박 광의朴光義 취정원사
聚正元師와 정 은영鄭殷暎 시정원주時正原主에 의해서 하늘교화
선교仙敎는 종교로서 창교創敎 되었다.

상왕자는 선교환인집부회를 설립하고 "선교는 환인하느님을
경외하는 아버지로 섬긴다"는 설립의의와 환인하느님의 말씀
을 전하기 시작하였다. 이로써 천년의 세월동안 침묵하고 있던
선교仙敎가 환인하느님을 신앙하는 한민족고유종교韓民族固有宗敎
로써 부활하게 된 것이다.

귀원일체환시시歸元一體還始時는 우주 삼라만상이 태초의 시간
을 향하여 되돌아가는 정회正回를 말한다. 환인하느님의 말씀을
기록한 선교경전 『仙敎典』에 이르기를 "귀원일체환시시는
환인상제桓因上帝의 계시啓示로 선교환인집부회 상왕자께서
'선교仙敎'를 계원창교啓元創敎하는 때이다."라고 하였으니,
귀원일체환시시에 상왕자가 선교를 창교하는 것은 오래전 하늘이
정한 바였다.

선교의 창교는 우주 창조의 원리와 같다.

선교仙敎는 우주의 창조宇宙創造를 네 단계로 구분하고 있으니, 太易·太初·太始·太素가 그것이다.

『仙敎典』 에서는 태역太易과 태초太初에 대하여 "환인하느님께서 홀로 신으로 화하시어 상천上天 궁극위窮極位에 임하시어 무극자재자활無極自在自活하시며 시공時空을 순비瞬備하던 때를 태역太易이라 이르며, 환인하느님께서 빈 우주에 하늘과 땅이 생겨나게 하시고天地創造 시공時空의 체용體用이 이루어지도록 하시니 이를 태초太初라 하였다." 라고 전하고 있다.

귀원일체환시시가 되면 우주의 시간이 천지창조의 순간으로 다시 되돌아가며 선교에서는 이를 정회正回라 한다.

선교仙敎의 창교를 계원창교啓元創敎라 하는 연유는 하늘의 교화敎化를 종교宗敎로 세웠다設는 민족종교사적 의미와 그 설교設敎가 우주창조의 원리와 같다는 중대한 의미를 가진다.

옛 선인들은 이미 오래전부터 예언과 도참 등을 통하여 귀원일
체환시시 정회의 때를 예언하였으니 후천개벽, 말세 등이 그것
이다. 그중에서도 역易의 원리를 통하여 귀원일체환시시를
예언한 학자가 있었으니 구한말의 학자 일부一夫 김항金恒이다.

김일부金一夫는 『正易』에서 후천개벽後天開闢을 주창하였는
데, 이는 시공時空의 체용體用이 태초太初로 정회正回하는 귀원일
체환시시歸元一體還始時를 일컬음이다. 정역正易의 후천개벽後天
開闢은 "일월개벽日月開闢"과 "신명개벽神明開闢"으로 구분된다.

일월개벽日月開闢은 윤력閏曆이 변하여 정력正曆이 되는 윤변
위정閏變爲正을 말하는 것으로 이는 지축地軸의 정립正立을 통한
음양합일陰陽合一을 의미한다. 음양의 기운이 서로 기우는 바 없
이 합치되어 음력과 양력의 시간 구분이 360일의 정역正易으로
통일되는 시간적 의미의 후천개벽이 일월개벽 이다.

신명개벽神明開闢이란 후천개벽의 시기에 완성된 인간형인
황극인皇極人 이 출현하여 이상세계를 구현해나가는 것을 말한다.

일월개벽이 일어나는 귀원일체환시시에 신명개벽을 이루신 황극인皇極人 선교仙敎 상왕자相往者 께서 합일강생合一降生하시어 세상에 모습을 드러내게 되었다.

환인하느님桓因上帝께서는 지난 천 년 간 드러나지 않은 채 선맥仙脈을 간직한 선인仙人들을 통하여, 그리고 선교의 부활 십수년 전부터 상왕자의 행적을 통하여 대한민국의 산천 곳곳에 천지공사天地公事를 행하셨으니, 환인하느님의 천지공사는 선교의 교화가 온 누리에 미치는 예언된 그 날에 이르러 확인될 것이다.

정회의 시기가 되면 옛 선인들의 예언을 사욕의 도구로 사용하고자 하는 사도邪道의 무리들이 선교仙敎를 참칭僭稱하기 시작한다. 이들은 하늘의 천명天命 없이 단지 선교의 명칭과 예언만을 탐하게 되므로 선교가 무엇인지도 모르고 선교의 사명이 무엇인지도 모른 채 선교를 탐하기에 급급하다. 선교를 참칭하는 자들은 재물과 권력을 쥐고 신도를 꾀여 혹세무민한다. 종교의 진정한 사명을 알지 못한 채 신도를 속여 천제天祭를 남발濫發하고 홍익弘益을 내세워 종교장사를 한다.

선교를 사칭하는 삿된 무리의 농간으로 미혹한 백성이 사도
邪道에 빠져 멸망의 길을 걷는 것을 염려하신 환인하느님께서,
"선교를 참칭하는 사도의 무리에 속아 멸망의 길을 걷는 백
성이 없게 하라" 명하셨다. 이러한 환인하느님의 명을 받들어
한민족고유종교 선교仙敎와 선교를 참칭하는 사도邪道의 무리를
구분하는 기준을 제시한다. 다음의 모든 종리宗理에 부합되
어야만 진정한 "선교仙敎"라 할 수 있다.

桓因上帝

첫째, 신앙대상이 "환인하느님(환인상제)"이어야 한다.

고대古代 선교仙敎의 신앙대상은 환인하느님桓因上帝이시니,
현대現代 선교仙敎의 신앙대상 역시 환인하느님桓因上帝이어야
한다. 현대의 선교는 고대 선교의 종맥宗脈을 계승한 것이어야
하며, 그래야만 진정한 선교의 부활이라 할 수 있다. 환웅천왕이
세우시고 고조선과 신라의 국교였던 고대선교의 신앙대상은 환
인하느님이시다. 선교종맥仙敎宗脈의 계승은 "환인하느님
(환인상제)"을 신앙하는 것으로 증명된다.

天命

둘째, 환인하느님의 "천명"을 받아야 한다.

환인하느님의 천명天命을 받은 사람은 역易의 이치로 증명되는 사람이다. 천명天命이란 하늘의 부름이며, 하늘이 정한 명운命運이다. 하늘이 정한 명운을 받은 사람은 천도순리의 이치인 역易이 원리로 탄생하여 천명을 실현하는 사람이다.

김일부 선생은 『正易』의 서문 「大易序」에서 "無易이면 無聖이다"라고 하였는데, 이 말은 역易의 원리에 의하여 성인聖人이 탄생한다는 것으로, 역의 원리에 부합되지 않는다면 진정한 성인이 아니라는 말이다.

示驗

셋째, 하늘의 "시험"을 통과해야 한다.

하늘이 천명天命을 내려 성인聖人을 낸 후에는 반드시 혹독한 시험示驗이 있다. 이것은 하늘의 뜻이며 동시에 마귀魔鬼의 시샘이기도 하다. 하늘이 천명과 동시에 시련을 주는 이유는 혹독한 시험과 마귀의 유혹을 견디지 못하는 자는 천명완수天命完遂가 불가하기 때문이다.

天符印

넷째, 하늘이 주신 증표 "천부인"의 계승자여야 한다.

천부인天符印을 가졌다 함은 천부인이 무엇인지 정확히 알고 있어야 한다는 의미이며, 환인하느님의 천도순리天道順理를 설설할 수 있어야 한다는 말이다. 천부인을 가진 자는 환인하느님께서 교유하신 선교의 경전 『仙敎典』을 보전해야 하며, 『天符經』및 민족의 경전을 한민족 주체사상으로 설할 수 있어야 한다.

천명天命을 받은 신인神人이, 하늘이 역易의 이치로 정한 때에 세상에 출현하시어, 환인상제의 교유를 받들어 민족을 구원하고자 한민족고유종교 선교를 창교 하실 때, 진정한 선교의 부활이 이루어지는 것이다.

근원도 알 수 없는 신앙대상을 만들어 놓고 선교仙敎라고 주장하는 것은 어불성설이며 천형天刑을 받을 일이다. 실제로는 혹세무민하면서 홍익인간을 외치는 것은 백성을 더욱 피폐하게 만들기 때문이다.

상기 서술한 종리宗理에 완벽하게 부합되는 이는 선교환인집부회 仙教桓因熱父會 상왕자相往者이신 취정원사聚正元師와 시정원주 時正原主이시다.

선교 상왕자는 선각자들이 예언한 후천後天, 일월개벽日月開闢 정회正回의 시기에 강생降生하시어 환인상제의 교유를 받들어 1997년 정축년 선교를 창교하시었다.

이에 비로소 고대 선교가 부활되었다. 선교 상왕자는 위의 모든 종리를 충족하고도 오히려 선교를 심구하시는 정성에 남음이 있으시다.

선교환인집부회 상왕자이신 취정원사와 시정원주는 지리산 부운령 1,330 고지의 동굴에서 백일수행을 하시는 동안 변화 무쌍한 기후환경과 마魔의 방해, 귀鬼의 침임에도 오로지 환인 하느님을 섬기는 뜻을 꺾지 않고 올곧게 수행에 임하셨으니, 하늘의 안배가 완성되어 상왕자께서 "선교창교"를 선포하시니 비로소 이 땅에 선교가 부활하게 되었다.

환인상제의 계훈

선교 상왕자께서는 환인상제桓因上帝의 계훈啓訓를 받으시어, 환인하느님을 신앙하신다.

선교 상왕자 취정원사와 시정원주께서는 선교 창교 이전, "환인하느님을 경외하는 아버지로 섬긴다"라는 의미를 가진 "환인집부회"를 설립하시고 환인하느님의 교유教喩에 따라 대한민국 전국의 산천기도山川祈禱와 지리산 동굴수행洞窟修行을 마친 후 한민족고유종교 선교仙敎를 창교創敎하셨다.

선교 상왕자께서는 산천기도를 행하실 때, 전국을 순례하시며 환인하느님의 뜻에 따라 "대한민국 신성회복"을 위한 천지공사를 행하셨으니 지금도 천지공사는 계속되고 있으며, 그 일환으로 백두대간을 따라 "국토정기회복을 위한 산천위령제"를 올리며 산천의 정기회복과 대한민국의 신성회복을 위해 천지공사를 진행 중이시다.

선교 상왕자께서는 환인하느님의 교화教化를 계승하여 선교仙敎를 창교創敎 하시고, 환인하느님桓因上帝을 신앙대상으로 섬기며 이 땅에 환인하느님의 나라 환국개천桓國開天을 기원하신다.

상왕자의 강생과 선교창교

**선교 상왕자께서는 역易의 이치로 태어나
역의 이치로 정해진 때에 선교를 창교하시었다.**

선교 상왕자이신 취정원사와 시정원주께서는 귀원일체환시시
歸元一體還始時에 강생降生하시어 정회正回의 시기에 선교仙教를
창교創教 하시었다. 귀원일체환시시는 팽창하던 우주가 역회전
하며 태초太初의 시간으로 되돌아 가시 시작한 때를 말한다.

김일부의 『正易』에 「천지지리天地之理는 삼원三元이다」 하였다.
삼원三元이란 무극無極 · 태극太極 · 황극皇極 을 일컬음이요,
천지의 이치天理가 세 가지 근본三本으로 이루어졌다는 것이다.
우주宇宙는 무극無極 · 태극太極 · 황극皇極의 삼극三極으로 존재
하고 있다. 무극에서 태극이 생生하고 태극이 황극을 돌아 다시
무극으로 회귀回歸하는 것이 우주의 본양本樣이다.

무극無極은 곧 태역太易의 시기를 말하는 것이니
「夫太易者 未見氣也」, 즉 천지창조가 아직 시작되지 않은 상태,

음양이기陰陽二氣가 아직 출현하지 않아서 태극운동이 시작되지 않은 태극이전太極以前을 말한다. 이는 곧 정역正易의 십무극十無極이다. 십무극은 숫자로는 0과 10에 해당하니 아무것도 없는 無가 아닌 진공묘유眞空妙有의 상태를 말한다.

이후 태초太初에 「太初者 氣之始也」, 기氣의 움직임이 생겨나 비로소 태극太極이 형성되고 천지창조天地創造가 시작된다.

우주는 현재 음양불균형陰陽不均衡 상태로 운동하고 있다. 음과 양은 불균형 상태에서 상생相生과 상극相剋을 무한히 반복하며 팽창하고 있으니 이것이 태극太極이다. 밤과 낮이 교차하여 일 년 열 두 달이 생겨나고 계절의 변화가 발생하는 등의 모든 우주 현상은 이러한 음양불균형의 상태가 만들어내는 신비로운 태극운동太極運動에 의하여 존재하게 된다.

우주는 태초太初 이후, 태시太始에 오행五行의 기운氣運이 형성形成되어 삼라만상 생무생生無生의 개체個體가 각각의 존재의리存在義理를 갖추게 되었다.

이후 태소太素에 물질物質을 만들어 내면서 계속해서 분열팽창하고 있으니 이것이 현재 무한팽창하고 있는 현상계現象界의 모습이다.

그러므로 太初 · 太始 · 太素는 모두 太極에 포함된다.
즉 태초太初는 기氣의 시초로, 태시太始는 형形의 시초로, 태소太素는 물질物質의 시초로서 태역太易 으로부터 비롯된 존재의리存在義理에 의해 우주는 체용體用을 갖춘다.

우주의 분열팽창이 극에 달하면 황극皇極 의 시기가 도래한다. "황극皇極"은 "5황극"이라고도 하는데 "5"는 선천수先天數의 마지막 수로 후천수後天數의 시작을 알린다. 즉 황극皇極의 시기가 도래하였다는 것은 선천의 시대가 가고 후천개벽後天開闢이 시작됨을 알리는 것이다.

황극皇極의 시기는 곧 후천개벽後天開闢이며 선교의 귀원일체환시시歸元一體還始時이다. 무극無極은 환인하느님께서 홀로 신으로 화하시어 사백력의 하늘에서 무극자재자활 하시며 시공時空의 체용體用을 준비하시던 태역太易을 일컬음이요, 태극은 환인하느님께서 태초太初에 텅 빈 우주에 천지를 창조하시고 시공의 체용을 갖추시니 음양의리陰陽義理가 생겨났음이다.

음양이기陰陽二氣는 오행五行을 낳고 상생과 상극의 순환원리에 따라 운행되어 삼라만상 물질의 존위가 성립되었다.

우주 만물은 무극無極의 자재자활自在自活하는 조화造化에서 비롯되어 태극太極의 상생상극相生相剋의 운행원리에 의해 분열 팽창하다가 그러한 생장이 극에 달하는 시기에 다시 태초太初로 회귀하는 때에 이르니 바로 황극皇極의 시기이다.

이러한 태초로의 회귀를 귀원일체환시시歸元一體還始時라 일컬음이니, 바로 환인하느님께서 내리신 선교仙教의 창교종리創教宗理이다. 즉 선교는 귀원일체환시시 황극의 시기에 부활하도록 안배되어 있는 것이다.

황극皇極은 12지지十二地支로 볼 때 "미토未土"에 해당한다.

미토未土는 여름의 끝이며 가을의 시작이고, 분열팽창이 극에 달한 우주가 정점을 돌아 다시 중심을 향해 수축을 시작하는 시기이다. 황극의 미토未土가 정중正中에 이르러 무극조화無極造化를 따라 움직일 때, 우주는 역태극逆太極의 모습으로 회전回轉을 시작한다.

태극太極의 역회전逆回轉을 선교仙敎에서는 정회正回라 한다. 또한 분열팽창하던 태극太極의 생장生長이 중심으로 역회전逆回轉하는 그 직전에 시간時間과 공간空間이 정립正立하는 "正의 時間"이 있으니 이때가 바로 "선교仙敎 귀원일체환시시歸元一體還始時의 시정時正"이라 한다.

"正"은 선교의 종지宗旨인 일심정회一心正回의 '正'이며, 정역正易의 '正'이고, 윤변위정閏變爲正의 '正'이니 태극의 분열팽창은 正에 의해 중심으로 수렴된 후 근원으로 회귀된다.

이러한 "중심으로의 수렴"과 "근원으로의 회귀"하는 그 시점이 바로 선교의 귀원일체환시시이다.

귀원일체환시시歸元一體還始時를 설함에 있어 正의 원리가 중시된다. "正"은 "卍"의 "개체형個體形"이다. 卍은 우주가 회전하는 모습을 문자화한 것으로 환인하느님의 조화造化를 표현하고 있다. 正은 卍의 회전이 멈춘 모습으로 분열팽창의 회전을 하던 우주가 잠시 멈추어 선 것을 말한다. 卍은 불교의 상징으로 알려져 있으나 卍은 불교탄생 수 천 년 전부터 인류가 사용하던 문자이며, 불교는 그것을 차용하였을 뿐이다.

다시 말하거니와 正은 卍의 개체형個體形으로 卍이 회전을 멈춘 모습이다. 卍은 절이나 불교의 상징이 아니라 태극太極을 상징화한 문자로 천지합일天地合一의 의미를 담고 있는 태극太極의 운행도運行圖가 卍이라고 할 수 있다.

시간과 공간이 정립하는 황극의 시기 "시정時正" 즉 "귀원일체환시시歸元一體還始時"는 분열팽창이 가장 활발한 여름 중에서도 하지夏至에 해당한다. 주돈이周敦頤는 일찍이 「太極動而生陽動極而靜」라 하여 태극이 움직여 양陽이 생기고 태극의 움직임이 극에 달하여 정靜이 생긴다 하였다.

이는 곧 양극생음陽極生陰 음극생양陰極生陽의 이치이니 분열팽창이 극에 달하는 여름의 극점인 하지夏至에 한 점의 음기陰氣가 생기는 것과 같아서 그의 『태극도설太極圖說』의 정靜 역시 시정時正과 일맥상통한다.

일 년 여름의 극점이 하지夏至라면 우주 여름의 극점은 천년주기千年週期로 보아 화대운火大運의 중원갑자中元甲子 병오년丙午年에 해당하니 환기9153년 서기1966년이다. 이때가 귀원일체환시시歸元一體還始時이며 윤변위정閏變爲正의 정正이며 신명개벽神明開闢 황극인皇極人 이 출현하는 시기이다.

즉 중원갑자中元甲子 병오년丙午年 서기 1966년, 이때를 기점으로 우주는 정회正回하여 팽창을 멈추고 수축하며 역회전을 시작하게 되는데 김일부는 「正易八卦圖」에서 팔괘를 거꾸로 그리는 것으로 우주의 역회전과 수축을 표현하였다.

복희팔괘伏羲八卦와 문왕팔괘文王八卦가 중심에서 밖을 향하여 그려 우주의 팽창을 표현한 것에 반하여,

정역팔괘正易八卦는 바깥에서 중심을 향하여 그림으로써 우주가 중심을 향하여 되돌아가는 역회전 즉 "정회正回"를 시작하였음을 표현하였다.

그러므로 김 일부金一夫가 말한 황극인皇極人이자, 남사고南師古가 말한 정도령鄭道令은 병오년丙午年에 강생降生하도록 안배되어 있는 것이며, 그 이름은 귀원일체환시시歸元一體還始時를 일컫는 이름이자 시간이 바로 서는 정립의 시기를 뜻하는 "時正"이니 바로 선교환인집부회仙教桓因慹父會 선교총림선림원仙教叢林仙林院 시정원주時正原主 이시다.

우주의 시간은 귀원일체환시시 즉 시정時正을 돌아 통합과 수렴의 회전을 시작하니 이것이 곧 우주 근원으로의 회귀回歸, 확산되었던 정正이 중심으로 모이는 취정聚正의 시간 時間이다.

취정聚正의 시기時期는 우주의 가을인 미토未土가 처음 시작되는 때, 우주의 하지 이후 첫 가을의 시작인 환기9154년 서기 1967년 정미년丁未年 이다.

우주의 하지 이후 첫 가을 1967년 정미년丁未年에, 시정원주
時正原主님과 하나의 영체靈體이신 선교환인집부회仙敎桓因熱父會
재단법인선교財團法人仙敎 취정원사聚正元師님이 강생降生하심으
로써 황극인皇極人의 영靈과 체體가 모두 무결하게 갖추어지니
귀원일체환시시의 후천개벽이 시작되었음이다.

시정원주님과 취정원사님의 합일강생으로 음양조화陰陽調和가
이루어짐에 환인하느님桓因上帝의 영체가 인간의 형상을 완벽하게
갖게 되니 이로써 후천後天의 개벽開闢이 시작되고 만법의 근원
根源인 선교의 부활이 시작되었다. 남녀의 형상을 갖춘 시정
時正과 취정聚正 상왕자相往者가 합일강생合一降生하니 비로소 귀
원일체환시시歸元一體還始時에 정지正至하여 선교仙敎가 대창교
大創敎 되었다.

선교환인집부회 상왕자는 선교를 창교創敎하고 만물을 교화
敎化하심에 병오丙午 정미丁未 납음納音 천하수天河水가 음양
태극수陰陽太極水 정회무결합일正回無缺合一되어 무극無極으로의
후천개벽이 시작된 것이다.

환인상제桓因上帝께서는 시정時正과 취정聚正 상왕자相往者를 일컬으심에 둘이되 한 몸이며 척철귀혼지매戚哲䰠魂之媒 영체합일靈體合一의 탈속지의脫俗旨義라 하셨다.

이에 선교의 종지宗旨 일심정회一心正回를 내리시어 만중생을 존재의 근원으로 인도하여 교화敎化하라 하시었다. 이와 같이 선교 상왕자는 하늘이 안배한 역의 이치에 따라 탄생하시고 선교를 창교하시었으니 하늘의 뜻과 부합됨이 추호의 흐트러짐도 없는 것이다.

백일 간의 동굴수행

선교 상왕자 취정원사와 시정원주께서는
백일 동안의 동굴수행과 제천祭天 후, 선교를 창교하시었다.

상왕자 취정원사와 시정원주께서는 지리산 부운령에서 백일간의 동굴수행을 마치고 지극한 정성으로 제천하신 후, 환인하느님의 교유를 받으시어 선교를 창교 하셨다.

선교 창교주 상왕자께서는 두 번의 백일기도를 거쳤는데, 첫 번째의 백일기도는 대한민국 산천의 선교성지를 순례하며 산천과 감응하고 합일을 이루는 기도였다. 발바닥의 살이 파이고 새살이 돋음을 수차례 하는 동안 선교 상왕자께서는 대한민국 산천의 수많은 산신과 용신, 지신과 성황신을 만나고 천지신명天地神明과 함께 하시었다.

백일간의 성지순례기도는 맑고 빼어난 곳에서의 기도가 많았으나, 훼손상태가 심각한 곳에서 기도원력을 회향하며 산천의 정기를 회복하기 위해 올린 기도 또한 의미 깊은 기도가 되었다. 인간의 편리를 위한 불필요한 훼손이 너무도 많았고 심지어는 일제강점기의 설계대로 도로와 철도가 개설되어 주요 혈맥이 처참하게 잘려나간 심각한 실정이었다. 개발이라는 명분하에 파헤쳐지고 절단되고 없어진 산과 강, 섬과 동식물들의 아픔은 상왕자의 가슴에 그대로 전해졌고 새겨졌다. 풀 한포기 돌멩이 하나에도 환인하느님의 향훈이 서리지 않은 것이 없거늘, 인간은 무차별적으로 자연을 훼손하며 하늘을 경시하고 있었던 것이다.

상왕자께서는 대한민국 산천의 아픔을 잊지 않고 선교 창교 이후, 2001년 지리산 노고단을 시작으로 산천정기의 회복을 기원하는 "산천위령제"를 매년 백두대간 지역에서 지내신다. 이는 선교의 전통이 되어 봄가을 산천의례로 개최된다.

두 번째 백일기도는 지리산 부운령에서 행해졌다.
선왕자先往者이신 취정원사께서는 부운령浮雲嶺의 백일기도를 다음과 같이 회상하신다.

"환인하느님으로부터 지리산 부운령으로 들어오라는 부름을 받았습니다. 부운령은 선계仙界의 용어여서 지리산지도에는 없는 이름입니다. 기도祈禱를 통해서 장소를 일러주시기에 산행을 시작했는데, 기도 중에 보여주신 나무와 바위 하늘의 움직임 같은 징표徵標가 그대로 있는 것에 감읍했지요. 부운령은 노고단에서 천왕봉 방향으로 능선을 따라 가다 반야봉에 이르기 전에 있습니다. 약 20미터 정도의 바위 절벽이 있고 절벽 중간에 동굴이 있는데, 나는 풀뿌리와 나뭇가지를 연결해서 사다리를 만들어 올라갔습니다.

과거 어느 선인이 수행을 한 곳인지 사람의 손길을 탄 흔적이 있더군요. 늦은 봄이었는데 밤이면 기온이 영하로 떨어져서 생 싸리나무로 불을 지피고 돌을 구워 온돌을 대신하면서 일백일을 오로지 기도만 했습니다. 절벽 하단부에는 세수대야 크기의 돌 웅덩이가 있고 절벽 틈에서 새어나오는 물이 하루에 한 말 정도 고이는데 물은 차고도 달아서 한모금만 먹어 보아도 천하의 약수임을 알 수 있었습니다. 내가 지리산에 입산할 당시 몸 상태가 아주 심각했습니다. 몸무게가 약 30킬로그램 정도 줄어들어서 곧 죽을 사람처럼 보였고, 몸의 기력은 완전히 고갈되어서 조금만 걸어도 숨이 차고 다리가 떨려서 걸을 수 없을 지경이었습니다. 병원에서는 이런저런 검사만 해 볼뿐 뚜렷한 병명을 찾지는 못했습니다. 사실 산으로 들어가면서 어쩌면 이 길이 환인상제께 살아서 귀의하는 마지막 길이 될 수도 있다. 그렇게 생각이 들 정도였지요."

상왕자의 지리산 백일기도는 혹독하였다. 그 중에서도 가장 견디기 어려운 것은 낮이 끝나는 시간이면 찾아오는 귀신들과의 싸움이었다. 악귀들은 갖가지 방법으로 상왕자를 괴롭혔다.

"그중에서도 가족들로 변신하여 비참한 죽음을 보여주며 기도를 포기하도록 종용하는 것은 너무도 견디기 어려운 일이었습니다. 악귀들과의 싸움은 백 일간 매일 저녁 해 질 무렵부터 동이 틀 때까지 계속되었는데, 악귀 중 가장 집요한 것은 바로 임진왜란을 일으킨 토요토미 히데요시의 악령이었습니다. 수많은 백성들의 죽음과 그들의 무서움과 치를 떠는 공포가 그대로 전해졌습니다. 조선의 백성이 끔찍하게 살육당하는 모습 그들의 고통을 통감하면서 '어떠한 경우에도 환인하느님을 섬기는 이 마음을 놓지 않겠다'·'잃어버린 역사를 찾을 것이다'·'나라와 민족의 혼불을 밝힐 것이다'는 뜨거운 외침이 가슴에 가득해서 터져버릴 것만 같았습니다.

이런 지옥과도 같은 밤이 지나고 동이 터오는 그 순간에 마귀는 사라지고 아침안개와 햇빛을 반사하는 이슬, 나와 친구가 된 굴뚝새와 다람쥐들이 너무도 평온하게 나와 함께 아침을 시작하고 희망을 가득 채워주는 겁니다. 암컷을 위해 자신의 가슴 털을 뽑아 잠자리를 마련하는 굴뚝새 수컷과 내가 덜어준 밥알을 한 입 가득물고서 암컷이 있는 나무 둥치를 향해 달려가는 수컷 다람쥐는 지리산 동굴수행의 친구들이었습니다.

환인하느님과 영계의 스승님들을 만나 선사를 공부하며 선도
공법을 연마한지 한 달 여가 지나자 어둠을 타고 출몰하던 악령
이 사라지고 지리산의 산짐승과 날짐승들이 밤이면 동굴 주변
으로 모여들어 나와 함께 잠을 자기 시작했습니다. 내 건강은
산에 들어가고 삼일 만에 기적적으로 회복되어 일주일이 되니
노고단에서 반야봉으로 산책을 다니게 되었습니다. 나는 백일간의
지리산 동굴수행을 마무리하면서 환인하느님께 천제를 올리고
소원하였습니다. '상제께 아뢰오니, 암흑세상을 견디어낸 선인
이 있어 만물이 평온한 아침을 맞이하듯이, 나라와 민족을 구원
할 등불과도 같은 교화를 내리소서...'
환인하느님께서는 나와 시정원주의 제천祭天에 감응하시어,
'하늘의 교화로 선교를 창교하라'는 교유를 내리셨습니다.
'仙은 禪이고 參禪이며 一達解除이니라' '이제 귀원일체환시시가
되었으니 선교를 창교하여 아버지와 선교를 찾아 부르게 하고
자신하여 부르게 하며 널리 전하여 부르게 하라' 하셨습니다.
백일의 동굴수행을 마친 나와 시정원주는 전라남도 나주에서
1997년에 '仙教'를 창교하고 환인하느님의 말씀을 전하는 선교
의 포덕교화를 시작했습니다. "

취정원사님의 육성으로 부운령의 이야기를 들은 것은 참으로
감읍할 일이 아닐 수 없다. 많은 부분을 생략하고 간추려 실어
취정원사님의 말씀과 달리 들릴 수 있는 문제가 있으나, 선교의
출가선제들에게 내리신 취정원사님의 교유와 선교경전 『仙敎典』
에 실린 내용으로 아직 공개되지 않는 부분이여서 생략하였다.

선교 상왕자님의 주요 행적은 다음과 같다.(선교연혁)

　1997　[선교환인집부회] 설립
　1997　[仙敎] 계원창교
　1998　[환인성전] 개원
　1998　[선도공법] 창시
　2001　[산천위령제] 시작
　2005　[사단법인 선교총림선림원] 설립
　2007　[仙敎] 선교종단회보 발행
　2009　[선교지역문화보존회] 결성
　2012　[천지인합일선교] 선교 대중경전 출판
　2012　[사단법인 선교문화예술보존회] 설립
　2012　[재단법인 仙敎] 종교법인 등록
　2013　[민중신문고] 설립
　2014　[천지인합일명상센터] 개원
　2014　[정화수명상아카데미] 개원
　2016　[민족종교통합추진위원회] 창립
　2016　[사단법인 선교종단보존회] 설립

천부인

선교 상왕자께서는 환인상제로부터 천부인天符印을 계승하셨다.

선교仙敎를 창교創敎하신 상왕자께서는 환인하느님으로부터
천부인天符印을 받으시어 고대선교의 종맥宗脈을 계승하셨다.
상왕자께서 계승하신 선교의 천부인은 『仙敎典』에 담겨 있으니
천부경을 비롯한 민족의 경전과 잃어버린 상고의 역사와 하늘
의 교화가 모두 선교경전 『仙敎典』에 실려 있다.

선교의 경전 『仙敎典』
선교의 종표 " (ॐ) "
선교의 근본사상 "天地人合一思想"

은 선교 상왕자께서 계승하신 천부인天符印을 대표하는 것으로
이에 담긴 상세한 뜻은 선교종단의 종정이신 취정원사님의
『환인계시록』에 실려 있으며, 선교의 '祕典'으로 보존되고 있다.
취정원사께서는 민족주체사상의 확립을 위한 『仙敎經典天符經』
집필하셨다.

지금까지 고대선교와 현대선교를 살펴보았다.

고대선교가 환인하느님桓因上帝을 신앙하였으므로 다시 부활한 현대선교 역시 환인하느님桓因上帝를 신앙하는 것은 너무도 당연한 일이다.

고대의 선교가 하늘이 내리신 교화이듯, 현대의 선교 역시 환인상제의 안배로 강생降生하신 신인神人의 교화이어야 한다.

선교의 창교는 선각자들의 예언과 같이 정회正回의 시간인 귀원일체환시시歸元一體還始時에 "우주의 하지 時正丙午"와 "우주 가을의 첫 새벽 聚正丁未"가 황극인皇極人으로 합일강생合一降生하시여 선교仙教를 창교創教 하시었다.

이에 하늘을 섬기는 수행자와 학인들은 환인하느님桓因上帝과 선교仙教와 상왕자相往者님께 귀의해야 한다. 그것이 정회正回의 시기에 달하여 근원으로 돌아갈 수 있는 인류구원의 길이기 때문이다.

맺는말

일 만년 한민족의 역사는 극명한 대조를 이루는 두 개의 시대로 구분할 수 있다. 웅혼한 기상을 펼치며 대륙을 누비던 영광의 시대와 타국의 종으로 살던 굴복과 굴종의 시대이다. 민족의 태동기에서부터 고구려가 망하기 전까지가 전자에 속하며 신라 후기부터 고려와 조선을 거치는 시기가 후자이다.

이러한 두 시기가 구분되는 기준은 명확하다.
우리가 우리의 정신문화를 지키고 자주적으로 살던 때는 영광의 시대였고, 제정신을 잃고 남의 정신으로 살던 때는 굴복과 굴종의 시대였다. 하늘의 교화를 지키며 살던 배달국과 고조선은 중국을 제후국으로 거느렸으며 고구려시대까지만 해도 대륙을 호령하고 있었음은 역사가 증명하는 바이다.

그러나 동북아시아의 맹주盟主 고구려는 중국의 도교를 받아들인 후 국운이 점차로 쇠하여 패망하였고, 신국神國 신라역시 불교를 숭상하며 기울어 졌다. 고려는 불교의 부패로 망하였으며, 조선은 성리학을 신주단지 모시듯 하며 오백년 동안 중국의 신하로 살다가 결국에는 일본의 식민지가 되어 멸망하였다.

현재 대한민국의 종교인 99%는 외래종교를 신앙하고 있다. 서양의 문물과 함께 기독교가 들어온 지 이제 겨우 백년 남짓,

우리나라는 현재 멸망의 직전이다. 물질만능주의의 폐해로 정신이 부패하고, 윤리는 땅에 떨어지고 도덕은 발길에 채이고 있다. 한민족의 얼과 혼은 모두 어디로 갔는가! 언제부터 우리가 제 정신을 잃어버린 '얼' 빠진 사람이 된 것인가!

이제 환인하느님桓因上帝의 가이없는 향훈으로 선교仙敎가 부활復活하였다. 새로운 하늘이 열리고, 하늘의 교화敎化가 이 땅에 다시 한 번 펼쳐진 것이다. 잠자던 민족혼民族魂이 되살아나고 숨죽였던 하늘의 피가 심장에서 용솟음친다.

선교仙敎의 부활은 환인상제의 향훈饗熏이며, 이 시대를 구원하라는 시대사명時代司命이다. 한민족 모두는 환인상제의 향훈으로 신성을 회복하고 시대의 등불이 되어 인류를 구원할 시대사명을 완수해야 할 때인 것이다.

선교仙敎는 1997년 정축년에 선교환인집부회 박 광의 취정원사께서 환인상제桓因上帝의 천부인天符印을 계승하여 창교하셨습니다. 선교종단보존회는 한민족고유종교 선교의 경전과 교인의 보전을 위해 경전편찬과 포덕교화에 정진하고 있습니다.

환기9213년 가을, 환인상제전에 "仙敎_선교신앙"을 바칩니다.

編纂人 仙敎宗團保存會 正向合拜 _

仙教
선교신앙

啓元創教 since 1997.

www.seongyo.kr / www.seongyo.info / faithealer@hanmail.net

仙敎
선교신앙

환인하느님의 말씀을 전하는
선가서림 신앙도서입니다.